Début d'une série de documents
en couleur

ESSAI PHILOSOPHIQUE

Quel est le point de vue le plus complet du Monde ?

ET

Quels sont les principes de la Raison universelle ?

Par Henry LAGRÉSILLE

BERGER-LEVRAULT & Cie LIBRAIRES-ÉDITEURS

PARIS	NANCY
5, Rue des Beaux-Arts	18, Rue des Glacis

1897

BERGER-LEVRAULT ET Cie, LIBRAIRES-ÉDITEURS

Paris, 5, rue des Beaux-Arts. — Nancy, 18. rue des Glacis.

Vient de paraître

A. S. GRENIER

RÉPERTOIRE

DES FAITS

Politiques, sociaux, économiques

et généraux

DE L'ANNÉE 1896

PREMIÈRE ANNÉE

Un beau volume grand in-8 de 510 pages, avec plus de 500 portraits, soigneusement gravés, des chefs d'État, ministres, hommes politiques et illustrations de l'année.

Prix, en élégant cartonnage souple . . . . . . 7 fr. 50 c.

Les volumes dont le montant est joint à la commande sont expédiés franco.

Le Prospectus-spécimen illustré est envoyé sur demande.

Nancy, imp. Berger-Levrault et Cie.

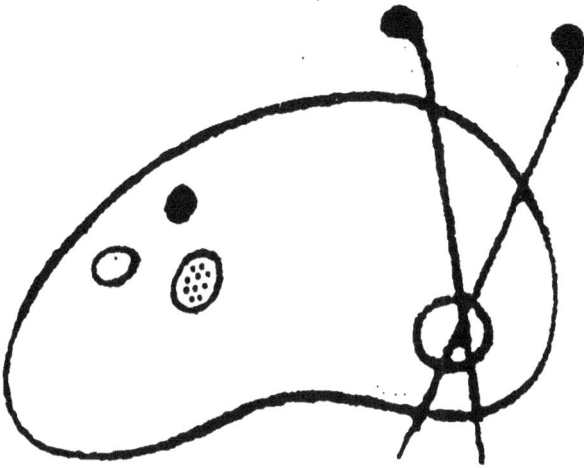

Fin d'une série de documents
en couleur

ESSAI PHILOSOPHIQUE

NANCY, IMPRIMERIE BERGER-LEVRAULT ET Cie.

ESSAI PHILOSOPHIQUE

Quel est le point de vue
le plus complet du Monde ?

ET

Quels sont les principes
de la Raison universelle ?

Par Henry LAGRÉSILLE

BERGER-LEVRAULT & Cie, LIBRAIRES-ÉDITEURS

PARIS	NANCY
5, Rue des Beaux-Arts	18, Rue des Glacis

1897

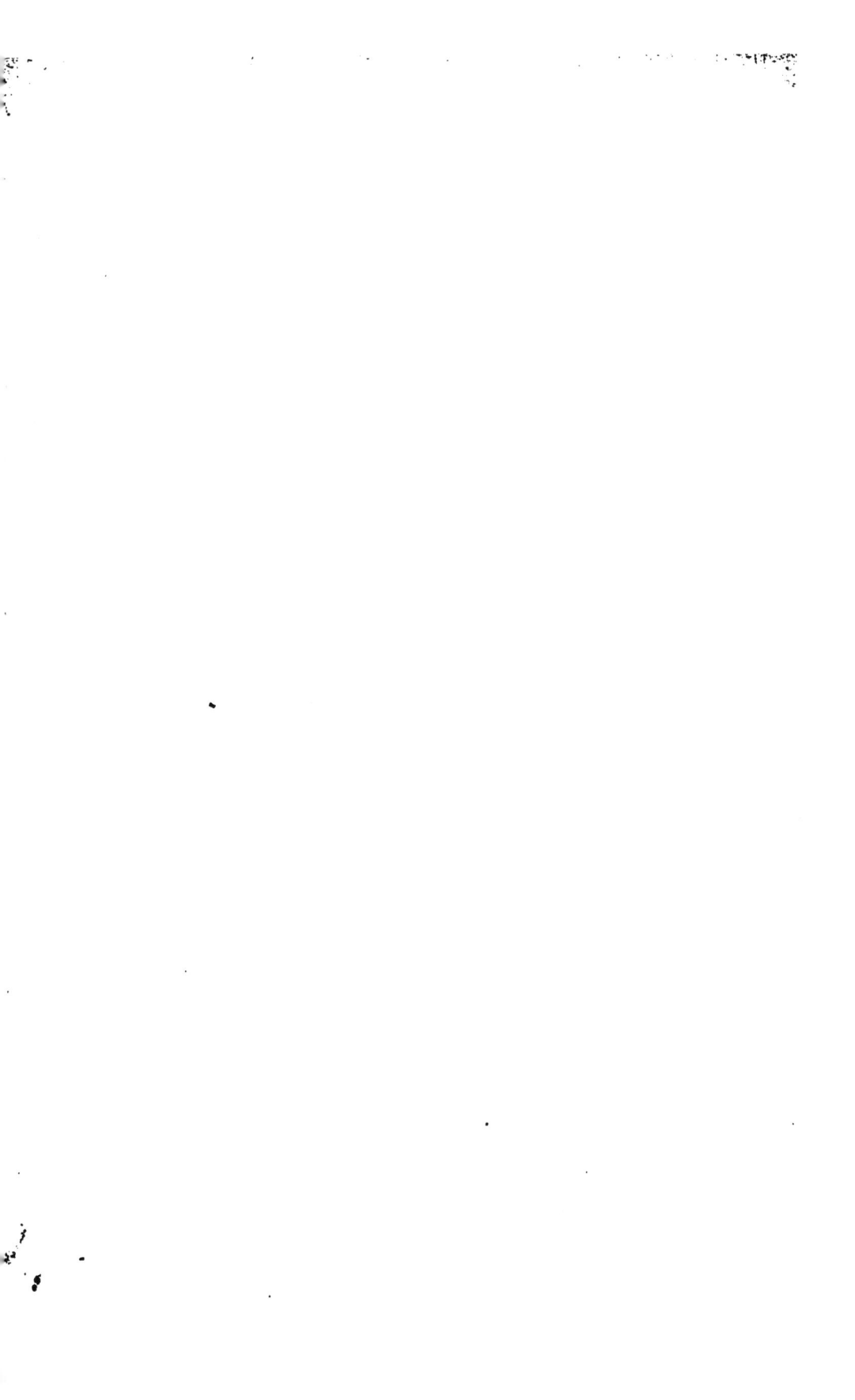

Iʳᵉ PARTIE

Quel est le point de vue

le plus complet du Monde?

———>✕←———

I. — QUE LE POINT DE VUE LE PLUS COMPLET
DU MONDE EST LE PLUS VRAI

Les efforts de la philosophie tout entière ont
pour but de connaître ce que c'est que le monde
peut-être avant de s'appliquer à donner à l'homme
des règles de conduite. La grande vérité, c'est ce
qui est, c'est-à-dire c'est le monde réel, y compris
sa cause. Ce qui comprend tout, est nécessairement
la vérité, puisqu'il n'y a rien d'autre. Le monde
vrai est donc tout simplement le monde complet.
Le point de vue le plus vrai du monde que puisse
embrasser une intelligence d'homme est donc aussi
le point de vue le plus complet du monde qu'elle
puisse entrevoir.

Ainsi rechercher le point de vue le plus vrai, revient à chercher dans un sens large le plus complet.

L'impossibilité d'opposer à un point de vue intégral un point de vue plus complet sera l'argument général qui justifiera qu'il est le plus vrai ; il se peut du reste que des théories qui ont été conçues ou choisies suivant des bases rationnelles pour représenter des parties de ce point de vue ne puissent être démontrées par des arguments directs ; une chose doit être *conçue* avant d'être démontrée ; mais pour les renverser, il faudrait soutenir que les théories contraires ne sont pas absurdes dans le cadre général, ou que des théories, hypothèses conçues différemment, sont plus satisfaisantes toujours dans le même ensemble synthétique universel. La qualification : *le plus complet* demande cependant des éclaircissements ; car le mot a ici une grande importance.

Ce plus complet, ce n'est pas seulement le plus complet de quantité et de grandeur : il est le plus complet de sens et de puissance, il est le plus complet en faisant une place à tous les faits et à toutes les données, il est le plus complet en ayant l'unité d'un spectacle intelligible, dans lequel tout se lie et dans lequel tout s'explique relativement.

Un paysage, un objet, une chose, peuvent être regardés sous des points de vue divers, qui les représentent plus ou moins bien, qui en fournissent des idées plus ou moins approchées ; il y a des points de vue incomplets, qui ne laissent voir qu'une partie ou qu'une face de la chose, qui cachent même la face principale en faveur de faces secondaires, et il y a un point de vue plus complet qui met en valeur la face principale, et qui, s'il ne peut atteindre en détail les autres faces, les laisse encore entrevoir au second plan.

La chose que nous voyons à son point de vue le plus complet, c'est celle que nous pouvons le mieux embrasser et le mieux pénétrer à la fois, de façon à connaître ses parties et l'essence des parties, de façon à comprendre l'assemblage des parties, et surtout l'harmonie, la loi des parties, plus absolument la raison, qui donnent le tout, de façon enfin à épuiser le contenant et le contenu sans qu'il reste rien.

Le point de vue le plus complet n'est pas seulement le plus vrai parce qu'il enferme le plus de réalité. Comme il n'exclut aucunes données, il doit satisfaire au maximum de conditions, et il est le plus vrai parce que ses chances de certitude à cet égard sont maxima. En outre, comme il unifie le plus en s'imposant de rendre solidaires toutes choses sans exception, il est le plus conforme à la raison, qui est finalement la seule et absolue mesure de la vérité ; il est donc encore le plus vrai parce qu'il est en totalité le plus rationnel.

Sans pouvoir être, bien entendu, exempt d'erreur, ayant un degré d'erreur comme en raison inverse de son degré d'approximation, il élimine cependant l'erreur volontaire qui résulte du parti pris de repousser, par exemple, un ordre de faits qui paraît incompatible avec un autre ordre, ou du parti pris de se limiter dans une sphère de connaissances.

Il rend possible la réduction ultérieure d'erreurs qui sont cachées en quelque sorte dans ses mailles, trop lâches au début, au lieu d'être extérieures à ses mailles, ce qui arrive dans un point de vue limité, incomplet.

La question est de voir comment l'idée générale est possible avant que les idées particulières ne soient achevées, ces idées particulières pouvant elles-mêmes avoir la valeur de sciences.

Ne peut-on pas faire un plan d'ensemble sans avoir arrêté, fini, tous les détails de l'édifice ? Mais si, précisément, avec certaines précautions. Il y a des lignes de valeurs différentes, il y a des parties dont il suffit de ménager la place. L'idée générale de l'édification philosophique, c'est qu'il y a une subordination dans les idées et dans les choses, c'est qu'il y a des ordres de divers degrés, un ordre supérieur primant un ordre inférieur. La coordination dans un ordre supérieur n'est pas en général sensi-

blement affectée par une différence dans la coordination de l'ordre inférieur qu'elle encadre. Un édifice peut être construit sur le même plan avec divers
matériaux. Entre les piles de l'édifice, des remplis-
sages différents peuvent être disposés, des baies
peuvent être ouvertes ou fermées. Et ensuite, on peut
en varier la décoration et l'ameublement.

On conçoit que la solidarité des grandes lignes
puisse être posée avec une indétermination provi-
soire dans les assemblages et dans les raccords, qui
seront étudiés à part.

L'objet de la synthèse philosophique est de saisir
d'abord l'ensemble en mettant seulement les détails
à peu près en place, tandis que l'objet d'une science
particulière, d'une théorie, est de reprendre les détails. Autre chose est la raison des parties, autre
chose est la raison du tout si ces parties sont d'ordre inférieur.

Par conséquent, pour poursuivre la recherche du
point de vue le plus complet du monde, c'est l'ordre supérieur, c'est l'idée générale qu'il s'agit en
premier lieu de concevoir. Le problème est de se
demander comment on peut former l'idée générale
du complet avant de discuter sur les questions de
détail qui laissent indifférent l'ensemble.

L'unité est la première logique. La logique d'un

point de vue du monde avant qu'il soit repris pièce par pièce, est d'exposer un plan qui fasse une unité complète du tout, elle est de présenter une exposition qui développe tout sans omission par une gradation continue conforme aux principes de la raison. De cette gradation, de cette procession du supérieur à l'inférieur, découlera un enchaînement dialectique, c'est-à-dire un choix de conceptions homogènes qui vont en se spécifiant de plus en plus, jusqu'aux faits, jusqu'aux données.

Des arguments isolés et particuliers ne sauraient permettre de construire, et ils ne doivent se produire qu'en face de la construction achevée qui s'offre à la critique dans son intégrité.

Le complet, s'il était atteint, c'est l'absolu, qui contient en puissance le changement et la multiplicité ; son idée, c'est *l'ordre* qui régit tout, et l'intelligence qui occupe ce point de vue domine tout ce qui est dans la réalité et dans la pensée.

II. — A QUELLES CONDITIONS DOIT SATISFAIRE LE POINT DE VUE LE PLUS COMPLET

Ce point de vue doit faire intervenir tout ce qui est donné par les sens et tout ce qui est donné par l'esprit, il doit faire intervenir les faits de toute nature, cela par sa définition même ; ce sont donc autant de conditions auxquelles il est tenu de satisfaire, non pas immédiatement en rendant compte de tous les détails, mais implicitement en les laissant comme des solutions possibles qui trouvent leurs principes.

Mais il y a des données auxquelles la synthèse doit satisfaire plus rigoureusement et qui sont précisément les bases sur lesquelles tout repose : *ce sont ces données en apparence contradictoires ou irréductibles les unes aux autres, telles que la suppression de l'une au profit de l'autre change tout à fait le point de vue.* Cette influence considérable montre évidemment qu'ils sont *des facteurs capitaux* dans l'équation générale. Le problème se détermine donc. Il s'agit de concilier les contradictions, il s'agit de lever les irréductibilités, il s'agit de montrer que les oppositions des sciences ne sont qu'apparentes, qu'elles résultent de l'hétérométrie de points de vue différents.

Ces contradictions ne peuvent coexister qu'en n'étant pas de même ordre hiérarchique de grandeur ou de puissance, qu'en ayant lieu dans des ressorts de grandeurs non comparables ; il n'y a pas d'autre alternative logique.

Par exemple dans l'espace, le milieu où vit l'être vivant, impose ses conditions à cet être, qui lui-même dans le ressort de son corps peut faire la loi jusqu'à un certain point par un effort propre.

Ces irréductibilités des raisons n'existent que parce qu'on suppose que ces facteurs : *liberté, nécessité, fatalité,* et d'autres moindres, ont leurs sièges dans les mêmes centres d'actions, que parce qu'on suppose qu'ils dominent dans un ordre unique d'êtres, alors que, réunis ensemble, ils sont chacun d'un *ordre naturel de grandeur* dissemblable, et qu'ils sont subordonnés les uns aux autres.

Les lois nécessaires des éléments, les actes de liberté des hommes, et les évolutions fatales des existences, n'ont pas tous trois leurs causalités dans des ordres de même degré de grandeur et de puissance.

Un ordre supérieur dans l'échelle métaphysique des êtres prime un ordre inférieur. Ce qui est *direction et volonté* dans un ordre supérieur, en s'appliquant dans un ordre inférieur, devient *loi nécessaire;* ce qui est *prévision* dans un ordre dominant, en étant annoncé dans un ordre intermédiaire, devient *prédiction fatale.* Ce qui est moyen normal et naturel en haute sphère, devient effet anormal et surnaturel par intervention accidentelle en basse sphère.

Ainsi, la liberté de l'être vivant, qui vit à un étage

inférieur, est un infiniment petit facteur, relativement à la volonté de l'être transcendant qui le domine à l'étage supérieur. De même, la liberté d'un
microbe est un facteur infiniment petit vis-à-vis de
la volonté de l'opérateur qui manipule les microbes
et qui les fait évoluer.

On comprend maintenant que les sciences doivent
avoir des points de vue sur la réalité plus ou moins
hétérogènes, selon qu'elles étudient tel ou tel ordre
de grandeur de l'existence universelle, de la position
de l'homme prise comme origine, tantôt totalisant
des masses d'êtres infiniment petits, indistincts, de
divers ordres, tantôt prenant pour objet un seul vivant, mais qui est un être composé, tantôt ne découvrant que des masses, qui sont des parcelles ou des
surfaces d'infiniment grands, qui constituent des
milieux.

A plus forte raison, doit-il y avoir antithèse entre *la science du physique* et *la science du métaphysique,* l'une ayant pour objet des masses et des
actions globales, et l'autre ayant pour sujet l'unité
et l'acte simple. Aussi, la science a-t-elle ses points
de vue, la philosophie a-t-elle ses points de vue. Or
il est clair que le point de vue le plus complet devra rétablir l'accord entre la science proprement
physique et la métaphysique, devra être commun

aux deux, et rendra par suite possible *par cette fusion* la science continue et unifiée.

Dans la synthèse cherchée, les contradictions fondamentales de la science proprement dite et de la philosophie ne peuvent s'évanouir que dans un accord supérieur par une conception qui serre de plus près la réalité.

Nous pouvons laisser de côté le facteur de la fatalité, les faits qui s'y rapportent étant encore mal reconnus; ces faits auraient des conséquences de principe bien plus graves cependant que les faits qui fournissent la nécessité et les lois physiques.

Des faits attestant la liberté à un degré chez les êtres conscients, et des faits attestant la nécessité à un degré inférieur chez les masses, le point de vue le plus complet doit à première vue rendre compte comment ces contradictions fondamentales sont possibles, et il doit dissoudre l'opposition de la liberté, que l'existence de la volonté requiert, et du déterminisme, que la persistance des lois physiques semble apparemment prouver.

Il faut faire voir comment les libertés individuelles disparaissent dans l'intégration naturelle des ordres de grandeur.

Les masses sont des quantités d'êtres aussi loin

qu'on a pu les analyser ; les quantités réelles sont des nombres d'unités naturelles.

Mais la qualité intervient pour systématiser, pour organiser, pour intégrer ces nombres. La qualité physique n'est autre chose que le résultat de l'ordre, et cet ordre est l'harmonie, le régime, assurés par une direction qui unifie, qui fait un tout. La valeur de cette direction est la qualité morale, qui répond à la qualité physique et qui est capable d'assujettir un ordre d'autant plus grand qu'elle est plus haute.

La raison dans le degré qu'elle atteint est l'expression de l'ordre.

La matière est l'indistinct ; en devenant distincte, elle rentre dans l'esprit, l'esprit la soumet à son ordre. De sorte que dans la mesure de cette assimilation, de cette subordination de la quantité à la qualité, elle fait partie de l'esprit, elle se dissout en esprit.

La nécessité est la subordination générale d'êtres à un même ordre, tandis que la liberté est la suprématie d'un être sur un ordre, ou sur lui seul en tant qu'unité pure.

En ce qui concerne l'ordre abstrait, l'idée élémentaire de l'ordre, c'est l'ordre géométrique, c'est la structure, puis des ordres plus complexes sont l'ordre dynamique ou le mécanisme, l'ordre sensible ou l'organisme, et au-dessus, par l'harmonie des volontés raisonnables, l'ordre moral, *le fonctionnisme* d'êtres intelligents.

Tous ces ordres abstraits, que des ordres naturels réalisent et offrent à nos yeux, qui s'observent dans les formes de la vie, sont connus comme données d'expérience, et nous ne faisons que les rapprocher.

Pour montrer la cause du déterminisme scientifique, remarquons deux choses :

1° *Que la science du physique ne part pas d'origines absolues, qu'elle ne s'attache pas en principe à partir d'unités naturelles absolues, de bases d'où tout ce qui est relatif est exclu ;*

2° *Que la même division de la science, en admettant la continuité, suppose que le nombre des unités est infiniment grand au sens strict, et ne considère que les actions globales des masses, dans lesquelles les actions individuelles ont leurs différences toujours masquées.*

En posant des origines absolues, la science se verrait obligée pour obtenir l'ordre le plus élémentaire, c'est-à-dire pour former des systèmes mécaniques avec des indivisibles, de faire intervenir des forces libres et conscientes de leur but. Elle devient en même temps métaphysique.

L'explication de cette nécessité sera indiquée plus

loin, sans pouvoir être approfondie dans un résumé, étant tout à fait spéciale.

Il est plus aisé de faire entrevoir immédiatement comment les unités, douées de libres vouloirs, déterminent pourtant par leurs actions des lois sensiblement constantes, les lois physiques des éléments.

Les unités naturelles, à la fois physiques et psychiques, qui concourent par leur jeu, par leur fonctionnement, à réaliser une loi matérielle, sont des individus comparables, elles sont semblables, de même ordre de grandeur, mais aussi, elles sont à peu près de même valeur psychique, c'est-à-dire qu'elles ont toutes à peu près même capacité d'effort et d'aperception ; c'est pour cela en effet qu'elles ont été préposées en tant que monades à des systèmes de même grade et à des fonctions pareilles.

Il en résulte que l'emploi que ces unités feront de leurs initiatives ne variera pas beaucoup de l'une à l'autre. Leurs initiatives sont d'ailleurs par constitution limitées dans de très petites sphères.

La direction, qui leur suggère leurs rôles pour une fonction commune, peut encore agir plus énergiquement vis-à-vis des unités plus passives, en quelque sorte comme un cocher stimule davantage le cheval paresseux que le cheval actif.

En moyenne, les unités, exécutants, qui sont en

nombre immense, donneront un résultat sensiblement fixe, lequel résultat sera inférieur à celui
qu'elles donneraient si elles obéissaient tout à fait
à l'influence directrice, qui correspond pour elles à
l'intuition de l'instinct, du besoin, du devoir.

L'action d'ensemble, qui constitue un mode de
réaction matériel, ne laissera pas paraître les actions
individuelles, qui sont relativement des actions infinitésimales, et, les différences infiniment petites, les
écarts, que la liberté rend possibles, se contrarieront
et se masqueront dans la sommation.

Les lois se représentant par des courbes, si l'on
considère isolément une unité, par suite de sa liberté, elle parcourt la trajectoire qui exprime la loi
en oscillant de part et d'autre de la courbe. Les
oscillations de plusieurs unités, oscillations proba-
blement très petites et très serrées, se balanceront
entre elles, et les courbes parallèles se confondront
dans un même trait.

Ces oscillations spontanées ne sont peut-être pas
sans rapport avec le mouvement vibratoire, ou plutôt avec l'état vibratoire.

*Ainsi, les atomes de même ordre, dirigés par
des monades de même valeur, développeront en
somme leurs activités libres suivant un régime invariable dans les intervalles que le physicien ob-*

serve ; d'où la loi physique qui a le caractère de nécessité.

Cet aperçu ayant été donné pour découvrir déjà un peu comment en pratique la liberté des éléments encadrés dans les corps aboutit à des propriétés physiques des corps, soit au déterminisme de la physique, on conçoit comment les contradictions de la science du physique peuvent disparaître grâce à une distinction assez profonde, on conçoit que le dernier mot puisse rester à une métaphysique assez pénétrante.

III. — QUEL ORDRE DE MONDE NOUS POUVONS LE MIEUX DISTINGUER

Malgré sa variété infinie, le plan du monde doit être fait avec une grande unité, et le même principe doit se retrouver dans chaque ordre avec un développement en proportion de son rang dans les ordres de grandeur. Le point de vue le plus complet du monde pour dégager ce principe ou *ce thème général,* doit le chercher, non pas dans les ordres éloignés de nous, mais dans ceux qui sont à notre portée, les plus distincts de beaucoup. Dans le monde entier qu'est-ce que nous pouvons le mieux distinguer, si ce n'est le petit monde humain dont nous faisons nous-mêmes parties, dans lequel nous sommes des unités, en tant qu'êtres vivants, dans lequel nous sommes des ordres, en tant que systèmes naturels.

En se bornant à envisager ce petit monde humain, on doit y trouver plus qu'ailleurs l'idée d'un point de vue complet de l'univers limitée à cet ordre.

Par rapport à nous, hommes, il y a certainement des sphères célestes, des sphères du monde qui sont excessivement grandes, qui demeurent indistinctes, tant par suite de leurs grandeurs que par suite de leurs éloignements, et encore pour bien d'autres raisons, les condensations étant de tout autres valeurs dans les ensembles, il y a certainement des sphères microscopiques, des sphères du monde qui sont excessivement petites, qui demeurent indistinctes par leurs petitesses, qui échappent à nos moyens de mesurer et de sentir.

C'est pourquoi, ce n'est pas de ces sphères que nous pourrions tirer préalablement l'idée d'une notion exacte de la réalité, l'idée du thème général.

Cette notion la plus juste, parce qu'elle est la plus complète, c'est le premier plan de la perspective qui la donnera, c'est le monde de l'homme qui l'expri-

mera pour lui d'abord. et c'est sa propre vie qui lui
offrira l'image du monde la plus intelligible, la plus
complète de sens réel dans une de ses subdivisions.

La sphère de notre vie individuelle, c'est notre
corps, qui est composé d'unités d'ordres différents,
depuis l'âme simple jusqu'à la dernière monade.

La sphère de notre vie générique, c'est la surface
de la terre, c'est la société humaine, ce sont les
hommes, les animaux et les plantes.

Dans cette dernière sphère, qui est notre milieu
naturel, qui est l'ordre duquel nous dépendons, que
voyons-nous? Nous voyons des êtres vivants qui
utilisent des énergies naturelles par un choix conti-
nuel, ces êtres vivants ayant chacun leurs volontés,
leurs desseins, et ayant aussi leurs caractères psychologiques, leurs instincts et leurs fonctions in-
conscientes.

Chez les animaux, pour toutes les actions qui sont
du ressort de leur volonté, l'orientation qu'ils prennent à chaque instant, le sens du mouvement simple, ne dépend point absolument de leurs énergies
disponibles, lesquelles énergies sont soumises à cette
orientation volontaire et sont distribuées par le
moyen de cette orientation — qui est par conséquent
force — de même que les énergies des machines
sont soumises à la direction des mécaniciens, sont

distribuées par le moyen d'un levier, qui prend sous la main du mécanicien une orientation voulue.

Les hommes veulent, et ils agissent sur les forces dont ils disposent, forces intellectuelles, forces organiques, forces matérielles, pour réaliser leur volonté par ces intermédiaires, ces forces, ou plus scientifiquement ces énergies, étant des agents plus ou moins dociles (en tant qu'actions globales d'unités inférieures, ainsi qu'il a été expliqué plus haut).

L'identification simple entre la force et l'énergie est une erreur qui est indiscutable : *une force est un pouvoir, et une énergie est une quantité.* Mais une force, en réglant l'action d'une force subordonnée, qui est divisible en éléments, débite ses éléments, et, par suite, épuise une quantité. Ceci soit dit pour éviter une confusion continuelle de la force et de l'énergie mécanique.

L'observation semble bien déceler chez les êtres de notre monde, chez les animaux comme chez les hommes, *un pouvoir d'orientation spontané à l'origine de tout mouvement conscient.*

Dans leur activité, ils ne suivent pas précisément le chemin le plus facile, mais ils sont capables de remonter un chemin d'autant plus difficile et d'autant plus écarté du repos, qu'ils veulent avec un plus grand effort pour atteindre le but qu'ils ont choisi.

Ce pouvoir d'orientation doit exister dans un système naturel à la tête du système, et il doit exister pour elle-même en second ordre dans chaque unité du système. D'une façon bien plus générale, on est conduit à croire qu'un pouvoir d'orientation est à l'origine du moindre mouvement des unités simples et précède le moindre changement dans les systèmes naturels.

Avant d'approfondir encore ce pouvoir psychique, nous savons qu'il existe en nous, et cela suffit pour savoir par analogie qu'il existe dans le monde à d'autres degrés.

La sphère de la vie individuelle de l'homme est son corps vivant. Un microbe, ou un globule de sang, qui n'est qu'un microbe de constitution, se trouve entraîné dans la circulation de ce fluide à peu près comme un navigateur est entraîné sur l'Océan ; et pour ce petit vivant, de grandeur inférieure d'un ordre, le corps humain est le monde extérieur. S'il entrevoit dans les autres microbes et dans certaines cellules des êtres analogues à lui, il a peut-être le sentiment que dans son existence il est le jouet de forces aveugles et il n'atteint pas l'idée d'un grand être vivant qui est l'homme.

C'est un système si prodigieusement complexe
que le corps humain au point de vue d'une métaphysique non vulgaire, que la distinction d'un corps matériel bien construit et d'une âme qui l'habite est
une conception trop simpliste pour être suffisante.
Elle ne l'était déjà plus pour Platon.

Entre l'âme simple, unique monade dominante,
et entre le corps matériel, instrument mécanique —
autant du moins qu'un système naturel peut être
mécanique — pure machine, il y a place pour toute
une hiérarchie de puissances sous-directrices et organisatrices, il y a place pour un corps spirituel,
constitué par des monades de valeurs décroissantes,
qui commandent des unités matérielles, des centres
d'importances proportionnées, ce corps comprenant
depuis l'état-major de l'esprit jusqu'aux monades
qui jouent le rôle d'âmes dans les cellules ordinai-
res. Le nombre immense de ces monades, de qualité
ou de force inégales — en leur attribuant objectivement à chacune l'unité absolue de masse, c'est-
à-dire la masse de l'atome primordial, qui est la
monade la plus obscure du monde — ce nombre
ne représenterait pas encore un élément de masse
sensiblement appréciable.

Cependant, si ce *corps psychique* ne se pèse pas
et ne se soumet pas à une expérimentation propre-

ment dite comme un corps matériel, son importance est incomparablement plus grande que celle des masses obscures.

Toutes ces monades usent de leurs libres vouloirs, de leurs pouvoirs d'orientation dans leurs ressorts respectifs, et il faut que l'âme simple compte un peu ou beaucoup avec elles, n'ayant pour contre-balancer le nombre que la force plus grande de son intelligence directe, que son autorité morale supérieure, qu'un pouvoir d'orientation en raison de ces facteurs et multiplié par l'effort moral dont elle se fait capable.

Les lois apparentes, ou les lois physiques, qui persistaient dans les ensembles d'unités innombrables de même ordre sous une direction unique, ou sous des directions concourantes, persisteront de moins en moins et finiront par ne plus persister du tout, au fur et à mesure que la qualité remplacera le nombre et que les directions en petit nombre laisseront apparaître leurs indépendances relatives.

C'est ainsi que, dans la société, des assemblées pareillement constituées peuvent se prononcer différemment sur la même question, sans qu'une loi physique puisse représenter la solution à la manière d'une réaction donnée.

L'idée qualitative, que nous venons de nous faire

du corps humain, est incomplète encore, et il y a
d'autres choses à dire qui exigent toutes sortes de
conceptions. Entre autres, l'âme monadique n'est
pas seule à exercer une influence directrice, même
indirecte, sur les unités du corps vivant ; des influences directrices, extérieures au corps, sont le
fait de puissances, qui font partie de la direction
générale de la Nature ; elles sont exercées sur les
unités organiques et matérielles, indépendamment
de la conscience de l'esprit et elles assurent principalement les régimes de la vie végétative.

Le sommeil, l'instinct, certaines fonctions et certaines tendances ne sauraient entièrement s'expliquer sans de telles influences.

Il n'y a pas que les atomes qui reçoivent leurs
vibrations du dehors, il y a des cordes tout entières
dont la commande est extérieure, de sorte que
l'harmonie est jusqu'à un certain point préétablie,
les agents travaillant isolément sans le savoir à assurer un ordre, duquel la direction intégrale est
éloignée très haut.

Puisque les ordres en se subordonnant se pénè-
trent, il doit y avoir nécessairement dans leurs
principes la plus grande analogie ; puisque ces ordres doivent communiquer intimement, ils ne sauraient être différents d'essence.

On objectera que le lien absolu est *la chose en soi*, qui demeure inconnaissable. La chose en soi est un résidu qui deviendra imaginaire, qui cessera d'exister quand on aura extrait en principe tout ce qui est.

Les êtres communiquent ; la raison exprime la communication en découvrant la direction et la subordination. Il n'y a que les êtres et que leurs rapports dans l'Être. Il ne sont que par ces rapports. Que voulez-vous chercher de plus s'il n'y a rien d'autre ?

En dedans de l'Être immuable, dans le devenir, les êtres simples en eux-mêmes sont les monades, monades douées d'intraperceptions, plus ou moins élevées, communiquant plus ou moins parfaitement avec l'Être, participant plus ou moins bien à la Raison qui est l'Être, c'est-à-dire ayant en conscience à leur disposition, pour agir volontairement, pour réagir, des intuitions pures plus ou moins parfaites, qu'elles réalisent matériellement par leur pouvoir d'orientation, au prix de leur effort moral.

Les rapports des monades et des êtres composés par elles, peuvent être signifiés de diverses façons, d'une façon approchée, relative au point de vue qui est nécessaire à l'intelligence humaine ; les rapports rigoureusement absolus, que nous n'avons pas be-

soin d'atteindre, puisque nous ne créons pas effectivement ces êtres, n'ont qu'une unique représentation conforme à la Raison divine, dont la raison
métaphysique doit être une image, un reflet.

Ces rapports expriment naturellement des nombres, des variations, des proportions, des différences et des ressemblances; ils ont des expressions
mathématiques pour les quantités, et ils ont des expressions logico-mathématiques pour les qualités.

Ainsi, quand toutes les raisons, qui déterminent
la formation et l'existence d'un être, sont connues,
il ne reste d'inconnu que l'usage que cet être fera
de son libre arbitre dans des conditions données ;
mais alors, sachant les intuitions dont cet être dis-
pose, intuitions qui dépendent de son rang dans
l'échelle des êtres et de sa situation, estimant sa
valeur morale, sa capacité d'effort, d'après son rang
et ses précédents, par analogie, on pourra jusqu'à
un certain point prévoir son acte, qui ne cessera
pas d'être rationnel au fond.

Il n'y a rien d'autre à chercher dans cet être.
Cependant, si cet être est composé de composés, si
c'est un vivant aussi élevé que l'animal et que
l'homme, le problème théorique est singulièrement
complexe, puisqu'il faut tenir compte mutuellement
de toutes les unités ou monades, qui sont sous la

direction de la monade dominante, ou de l'âme, lesquelles sont des unités d'ordres différents, des monades de valeurs différentes.

Du reste, il n'existe de choses qu'en apparence si
elles n'ont pas de raison d'exister. Les matériaux des
corps sont des esprits en tant que monades, et les
monades les plus obscures, en nombres, en masses,
en ordres, exercent les fonctions d'atomes, constituent les atomes composés, par leurs relations dans
l'espace.

Par suite, la juxtaposition des corps produit les
phénomènes et les choses (mettant en contact et
en relation les corps des objets et le corps du
sujet).

La raison avec un degré suffisant de puissance
peut tout donner à l'esprit alors que la Raison —
raison suprême — donne le monde effectif.

Par une participation assez pure avec cette Raison, qui est l'Être, l'esprit peut arriver à posséder
toutes les raisons, et par conséquent peut prétendre
à connaître tous les êtres et toutes les relations rationnelles qui les unissent.

La raison, qui est en participation dans les êtres,
la raison commune entre les intelligences par le
rayonnement de la Raison, raison vivante, c'est *la
raison universelle,* celle dont la métaphysique se

réclame, celle-là seule sur laquelle tout raisonnement a le droit de se fonder.

La raison universelle est indépendante de la forme
de l'entendement, tous moyens de représentation à
part ; sans quoi, il y aurait autant de raisons universelles qu'il y aurait de formes d'entendement,
c'est-à-dire qu'il n'y en aurait pas, c'est-à-dire que
le raisonnement n'aurait aucune valeur démonstrative, que l'affirmation et la négation ne signifie-
raient rien du tout, que les faits n'auraient pas d'interprétations.

Le monde à son point de vue le plus complet
doit donc être rationnel, et l'ordre le plus rationnel pour nous, qui est l'ordre humain, est encore
celui que nous pouvons le mieux distinguer.

IV. — QUE LE POINT DE VUE DOIT SUBORDONNER L'INFÉRIEUR AU SUPÉRIEUR

Faire de la raison le juge des choses, c'est tout
subordonner à la raison fixe, et par suite à cette
Raison immuable de laquelle procède la raison universelle, comme la première des lois, comme la loi
invariable, *comme la loi d'harmonie absolue et interne, qu'Elle préétablit.*

Le point de vue *le plus complet* doit par conséquent mettre en évidence tout d'abord les principes
de la raison universelle; de ses principes il s'élèvera
d'une part jusqu'à l'Être, qui est la Raison, de ces
principes il descendra, d'autre part, jusqu'aux raisons particulières.

Il doit rationnellement subordonner l'inférieur au
supérieur; il doit ainsi subordonner le mécanisme
à l'organisme, subordonner l'organisme proprement
dit à l'organisme intelligent, que nous avons dis-
tingué sous le nom de *fonctionnisme*, et s'il part du
mécanisme pour s'élever au-dessus, ne pas oublier
que c'est une marche de l'esprit, duquel la raison
vivifie le mécanisme, ne pas cesser de voir le mécanisme dans la réalité comme une réduction abstraite de l'organisme.

Le monde de l'homme et l'homme en personne
nous peuvent servir comme de types réduits des autres ordres pour chercher le sens du monde universel, ou pour chercher à l'expliquer, sans entrer
encore dans le développement d'un système général.

Personne humaine et humanité, reconnaissons-le,
sont beaucoup plus que des mécanismes, et ce n'est
qu'à des points de vue très restreints qu'on a pu les
assimiler à des mécanismes. Ils sont encore plus

que des organismes, quoique ce point de vue plus
étendu ait satisfait des philosophes qui se conten-
tent d'une explication assez relative de la vie.

Si de ces mondes intermédiaires nous tirons, par
le passage à la limite, l'idée de l'achevé, l'idée de
tout l'Univers, nous serons amené à dire que le
monde est *un fonctionnisme universel,* c'est-à-dire
un organisme d'êtres conscients, d'esprits doués de
volonté, agents plus ou moins responsables dans
leur ressort, qui est leur corps, ou plus, leur société.

La définition du fonctionnisme, tout en étant éminemment intelligible, n'est pas moins complexe que
celle d'une société bien achevée.

Pour faire place à la liberté dans cette expression, il faut dire, dès qu'on admet l'activité libre
des unités naturelles qui entrent en jeu, qu'une
fonction, qui est l'action d'un organisme, est l'acte
d'un fonctionnisme.

La fonction d'un ministère, par exemple, est d'assurer la rentrée des impôts ; il y a action ; mais il y
a plus : il y a acte. La fonction en effet ne s'accom-
plit pas sans efforts spontanés des agents, ni sans une
volonté générale commune, librement consentie,
quoique péniblement, laquelle s'appelle la soumission des contribuables à la loi.

Enfin — remarque accessoire — la rentrée de l'impôt peut se représenter par une fonction mathématique : le budget est une fonction des variables, qui sont le contribuable et l'agent de l'impôt. Le concept de fontion peut prendre cette extension abstraite, l'idée de la fonction mathématique peut sous certaines réserves être annexée à celle de la fonction naturelle.

Quelles sont les distinctions sommaires entre le *mécanisme*, *l'organisme* et *le fonctionnisme,* qu'il s'agit de dégager ?

Le mécanisme se meut suivant un cycle constant, et il s'use d'une façon inégale ; il est composé d'organes invariables et insensibles ; il ne s'adapte pas.

L'organisme s'habitue et s'adapte, il se développe et il se reproduit ; il est formé d'organes et d'éléments variables et sensibles, desquels on ne peut faire abstraction.

Le fonctionnisme ne s'adapte pas seulement, il se transforme au besoin, *il se mobilise,* il est un accord d'individus, unités psychiques comme irréductibles, qui sont essentiellement doués d'une volonté spontanée, et qui apportent leurs concours, dans la mesure de leurs intelligences et de leurs efforts, à l'association tout entière ; on ne peut surtout négliger l'influence de la volonté dirigeante.

Si, en quelque sorte extérieurement, le mécanisme se calcule, l'organisme se prévoit, le fonctionnisme ne se calcule, ni ne se prévoit, en dehors de l'esprit qui le dirige vers son avenir, qui est la volonté responsable, parce qu'elle est libre, et parce que la liberté est un facteur du fonctionnisme, tandis qu'elle est exclue des deux autres ordres de système.

Étant maître de l'orientation générale, cet esprit, qui dirige, impose cette orientation à tous les éléments comme une nécessité.

Sans doute, la raison intuitive, prescience rudimentaire, parvient quelquefois à escompter les progrès du lendemain, dont elle possède les germes ; mais elle ne fait là tout au plus qu'un calcul de probabilité quand elle devine ou invente, ou bien c'est qu'elle participe à la volonté dirigeante, c'est qu'elle est suggérée par l'influence directrice.

Une certaine fatalité et une certaine prédestination peuvent avoir alors leurs sources dans une influence assez dominante, entre les mains de laquelle *les idées même sont comme des clefs, et aussi comme des armes en réserve.*

La notion bien développée du *fonctionnisme* doit encore se dégager par une généralisation des systèmes naturels ou des fonctionnismes particuliers,

bien que le monde tout entier réalise seul le fonctionnisme parfait.

Le fonctionnisme universel, qu'est le monde, embrasse tous les fonctionnismes des sphères de tous
les ordres, dont les plus élémentaires sont, à très
peu de chose près, des organismes, mais jamais
seulement des mécanismes purs et simples que par
abstraction.

L'idée de l'échelonnement des systèmes naturels
en ordres de grandeur incomparablement différents
fait comprendre la subordination des fonctionnismes
dans l'espace.

*Partout la quantité demeure subordonnée à la
qualité ;* et c'est là le principe de tout ordre, idéale-
ment dans l'esprit, comme effectivement dans la
nature.

Le fonctionnisme universel, dont les autres dépendent, dont tous les êtres vivants et toutes les monades dépendent, a une cause absolue, qui est à
plus forte raison une volonté intelligente, Volonté
qui ne saurait avoir d'autre fin que la perfection de
son œuvre : *la perfection d'êtres libres par le fruit
de leur liberté.*

La synthèse se ramène à la loi de subordination
des êtres à l'Être, du devenir multiple à ce qui est.
Il s'en faut de beaucoup que les hommes aperçoi-

vent à première réflexion la réalité absolue : **l'Être et les êtres,** les deux termes dont le rapport — rapport nécessaire — est le monde dans sa fonction intégrale. Sur un si grand problème, l'esprit humain est obligé de se diviser. Les sciences, en effet, ne nous découvrent par l'observation que des objets, que des corps, que des phénomènes ; et de toutes ces apparences, de ces matières brutes, il faut tirer les êtres et leurs rapports, lois rationnelles et voulues, fonctionnisme au-dessus de notre vue sensible. Pour cette extraction de l'absolu, bien des échafaudages sont nécessaires, tels que des représentations, des abstractions, des distinctions, des méthodes, tels que de nouveaux concepts, tels que des hypothèses nouvelles.

Que l'astronome considère l'univers en tant que mécanisme, que le naturaliste considère l'univers en tant qu'organisme, cela est juste ; mais qu'ils érigent des systèmes scientifiques, des systèmes naturels en sytèmes philosophiques universels, alors cela devient faux, car c'est de l'inférieur tirer le supérieur, car c'est d'un point de vue particulier ou abstrait, recevable à titre de théorie spéciale, tirer le point de vue général, point de vue qui appartient à une sphère infiniment plus élevée, où la morale et où l'absolu existent.

Un organisme, perfectionné déjà, ne suppose plus un simple déterminisme, il sous-entend une adaptation trop indéfinie, une coordination trop variée pour être seulement une évolution mathématique ; bien plus, un fonctionnisme réclame une volonté continue, un esprit de suite qui ne peuvent être le fait du hasard des choses — le hasard n'est qu'un facteur inconnu ; — il réclame des manifestations originales et créatrices qui sont du strict domaine de l'esprit.

Un philosophe, M. Paulhan, a fort bien appelé notre société un organisme d'esprits ; un fonctionnisme serait bien un organisme d'esprits, mais subordonné à un esprit dirigeant.

L'image la plus achevée d'un fonctionnisme — réduit à un ordre d'unités — serait celle d'une société, les individus étant ces unités, d'une société qui aurait une solidarité réelle, c'est-à-dire qui aurait une âme pour la sentir, une âme responsable, exerçant un pouvoir effectif et connaissant tous les effets de son pouvoir, en un mot une âme maîtresse d'un corps spirituel, dont elle connaîtrait toutes les subdivisions et tous les agents, étant avec chacun en rapport intelligible comme dans une administration parfaite.

Pour que la société humaine, et même une société

humaine particulière, plus étroitement unie, puisse
être un fonctionnisme réel, il lui manque une âme
vivante qui lui donne cette identité : la conscience
durable de son moi. Où donc est l'âme de cette humanité ? Elle est en dehors d'elle, comme une influence mystérieuse d'au delà ; et parce que cette
âme virtuelle est en dehors d'elle, elle n'est pas
même son âme.

On ne peut dire d'ailleurs sans métaphore que
telle âme existe sous un crâne humain, qui serait un
moment le centre de l'humanité ; mais cependant le
faisceau spirituel des idées directrices de ce monde
— l'humanité — paraît en une tendance se concen-
trer dans les meilleures âmes, dans les âmes de ses
grands hommes, et sans doute qu'il donne la vie à
ses grandes institutions.

La société humaine n'est tout au plus qu'un fonctionnisme imparfait, perpétuellement en essai de
formation ; car elle en est encore et toujours à chercher son âme, sa conscience, sa volonté ; et son
idéal serait précisément un fonctionnisme autonome
s'il était possible, si cette indépendance était com-
patible avec le fonctionnisme universel, dont elle
est sur la terre un bourgeonnement terminal, dont
elle ne peut être vraiment isolée, mais dont elle
peut espérer devenir une fleur.

Peut-être n'est-elle que *la préparation des âmes à un fonctionnisme nouveau* sous le ciel, à une humanité céleste, dont la mobilisation aura lieu par un changement final.

Pour prétendre à un fonctionnisme plus pur, pour réaliser *présentement* un progrès non illusoire, un progrès subjectif, que l'accord des volontés devienne, que la contrainte puisse être de plus en plus supprimée, que la conscience éclairée du bien soit le véritable guide, que les libres vouloirs individuels concourent par la soumission et par la persuasion au bien de la société, qui doit être le bien des individus.

V. — QUE LE POINT DE VUE SYNTHÉTIQUE RÉCLAME L'UNIFICATION DE LA RAISON, PUIS L'UNIFICATION DE LA SCIENCE

La science, *la science du physique*, a ses points de vue, la philosophie, *la science de l'esprit*, a ses points de vue ; le point de vue le plus complet du monde devra être commun à la science et à la philosophie, il devra faire place à la science tout entière.

Dans cette fusion harmonique de toutes les con-

naissances, les contradictions des sciences spéciales
entre elles, les contradictions fondamentales de la
science proprement dite et de la philosophie devront
s'évanouir en un accord supérieur ; les concepts
principaux sur lesquels se concentrent les contradictions ont été entrevus.

Or, le sommet de la science entière ne peut être
que la raison dans ses principes les plus élevés qui,
en s'appliquant à des cas de plus en plus particuliers,
deviendront des principes scientifiques.

Dans la philosophie même, l'originalité des systèmes doit avoir pour limite la vérité ou la raison
vraie.

L'erreur n'atteint pas la raison universelle ; c'est
l'application de cette raison qui engendre les erreurs. Les intuitions immédiates — données telles
que des mouvements — ne deviennent des idées
orales et sensibles que par une traduction excessivement complexe, qui les fausse en les développant,
peut-être en cherchant, soit inconsciemment, soit volontairement à les associer d'une façon arbitraire.
Le contrôle de la raison peut réduire l'erreur[1]. On
ne saurait faire appel qu'à la raison universelle.

---

1. Dans une thèse remarquable, M. Brochard a excellemment dis-
tingué diverses causes d'erreur. (Paris, Alcan. 1897.)

Le système philosophique qui exprimerait la fonction complète de l'univers, devrait d'abord poser *la raison dans ses principes communs irréductibles*, puis il unirait dans une métaphysique, la mécanique et la logique, pour aboutir à la morale, la raison universelle, qui est une en ses principes, devant permettre cette union, et en même temps il se trouverait exprimer le monde réel à son vrai point de vue.

Le monde réel à son point de vue vrai, qui est donné par sa cause primordiale et par son but final, détermine et enveloppe toutes les espérances de la terre et de l'homme, et ce monde réel se révèle seulement en tant que monde intelligible, dans lequel la liberté et la loi coexistent, cessant d'être hors de ces deux termes.

Ainsi donc, il s'agira de trouver l'expression irréductible de la raison universelle, les raisons supérieures, qui subordonnent toutes les raisons principales et toutes les idées rationnelles de l'esprit, et qui ne deviennent des interprétations qu'en se transmettant dans les sphères inférieures de la relation verbale et de l'imagination.

L'unification de la raison, de laquelle se déduiront par voie de démonstration les lois du monde réel intelligible, est aussi **une première méthode,**

une seconde méthode étant nécessairement d'appliquer ces lois pour construire.

Cette unification de la raison existe du reste d'une
façon implicite, sans quoi sur quelles bases vou-
drait-on que les raisons, qui sont dites évidentes,
puissent reposer ; les faits ne sont pas par eux-
mêmes des raisons et ils en supposent : le fonctionnement *rationnel* des facultés de l'esprit et des
agents psychiques est intervenu pour tirer — les
faits — des sensations élémentaires.

Personne ne doutera que de tels principes, si on
peut les mettre en lumière, n'aient une importance
capitale.

Il est probable qu'ils permettront de porter un jugement immédiat et définitif sur bien des systèmes
philosophiques et scientifiques sans que de longues
dissertations soient nécessaires.

Leur haut degré de généralisation en fera des formules générales, dans lesquelles pour l'application
il pourra suffire de mettre à la place des termes
leurs valeurs. Ainsi on remplace dans une équation
les variables, ou les inconnues, par les racines supposées, et si on n'obtient pas une identité, c'est que
ces racines sont fausses.

Toutefois, comme ces formules se prononceront
sur la qualité, au lieu de se prononcer seulement

sur la quantité, l'identité sera logique au lieu d'être seulement mathématique.

Ces principes de première raison constitueront donc une logique métaphysique, parce que, étant absolus, ils ne seront pas rien que de forme, mais qu'ils seront aussi de fond, comparativement au syllogisme — logique de forme.

En passant, il est bon de signaler une raison contradictoire dont on fait usage : les petites causes produisent les grands effets.

Cela revient à dire que l'inférieur produit le supérieur, et à la limite, que rien peut produire quelque chose. Absurdités flagrantes.

Les petites causes — qui produisent de grands effets — ne sauraient d'aucune façon être les causes de ces effets, et ne peuvent être que les agents de la cause véritable ou des causes véritables ; par conception — ce qui doit s'entendre ici par définition forcée — la cause donne l'existence tout entière à son effet, et elle le contient déjà en puissance avant de l'émettre en acte.

La liberté est une cause primordiale, qui suppose cependant l'existence, et les idées sont des causes primordiales concomitantes qui correspondent au degré d'existence ; *car le pouvoir d'orientation de l'être ne peut s'exercer que suivant les idées qu'il a,*

et entre lesquelles il choisit son orientation. Les
conditions, qui rendent la liberté possible, ne peuvent se distinguer de la liberté. L'acte — qui est le
fait par excellence dans sa généralité — en même
temps que la liberté, suppose le bien ; de sorte que
l'idée du bien est inséparable ; mais il faut la distinguer comme cause finale, ou mieux comme but,
pour éviter quelque confusion, et pour faire apparaître les transitions, les causes proprement dites,
après les êtres, étant des moyens pour atteindre
le but.

Il y a, on le voit, des liens absolus entre *le bien*,
la cause et *l'effet*, qui sont, pour l'être comme pour
la raison, les facteurs de tout acte avant le mouvement objectif.

On conçoit que les sciences particulières, en con-
servant une méthode d'avancement quelconque, qui
se justifie pratiquement, doivent toutes s'orienter
en subordination sur les principes de la raison
universelle ; et on conçoit que la raison unifiée
puisse les centraliser déjà sans que leurs fusions la-
térales aient encore pu s'effectuer.

Se prononcer sur ce qui est possible, sur ce qui
est nécessaire et sur ce qui ne l'est pas, poser des
limites et étendre des limites, déterminer les priori-
tés et les suprématies, dire dans quel rayon une

théorie est applicable et sous quelles réserves, enfin permettre de reconstruire méthodiquement le monde avec les données acquises pour obtenir le meilleur point de vue, qu'elles peuvent constituer, tels seront en outre les pouvoirs qu'on peut attendre de *la rai-son unifiée*.

En se donnant cette dernière tâche — la recons-truction du monde — la raison première devient métaphysique proprement dite ; à la limite des sciences, il y a une seule science capable de les em-brasser toutes dans une raison supérieure et une : c'est la science des dernières réalités ; c'est donc bien *la science des êtres et de l'Être*. Comme science de l'être simple, la métaphysique domine encore la psychologie qui a besoin de conceptions, et comme science de l'Être, elle devient théodicée.

Pour parfaire la construction idéale du monde, ayant le ciment de la raison, — on ne tarde pas à s'en apercevoir, — des pierres manquent ; on dis-pose de données insuffisantes, il y a des lacunes à combler dans les sciences, et il y a la grande la-cune entre l'être simple et entre l'être multiple qu'est le vivant, qui est la lacune entre l'absolu et le relatif.

Il manque beaucoup de termes entre les données que la raison scientifique a tirées immédiatement de l'observation et, ensuite, de l'expérience et du calcul, et entre les données que la raison pure a tirées de l'intelligence et de la conscience, où elle se réfléchit, où elle se voit.

Si à un moment de l'histoire une philosophie a su unifier toutes les connaissances d'alors, elle a réalisé pour son temps une synthèse relativement complète du monde et elle en a saisi le sens le plus complet.

Quelle est la philosophie qui a le mieux atteint ce point de vue, posant des unités absolues, unités psychiques et libres, en déduisant rigoureusement les choses, le physique, soumettant la multiplicité, le déterminisme et le destin à un ordre supérieur, à un ordre moral, à l'unité divine de l'Être suprême et immuable, faisant à la fois la part de toutes les sciences, sans se laisser absorber par une et sans en négliger ?

Pythagore ne serait-il pas entre tous les philosophes connus celui qui a produit, pour son temps, le système du monde à la fois le plus étendu et le plus profond, si le peu de données qu'on a sur ses ouvrages rendent possible un jugement ? Nous croirions volontiers que c'est de la dispersion de ses enseignements que procède toute la flore des philosophes grecs.

Le fameux précepte de Socrate : connais-toi toi-même, n'est-il pas tiré de Pythagore? Le divin Platon a lui-même emprunté au génie de celui qui prit le premier le titre de philosophe, la partie la plus élevée de la philosophie qu'il a seule développée, tandis qu'Aristote s'occupait davantage des sciences physiques un peu à l'exclusion d'autres. Leibnitz enfin est un continuateur de Pythagore dans son œuvre la plus subtile qui est la monadologie.

L'arithmétique, la géométrie et la mécanique virent le jour dans l'institut scientifique, philosophique, moral et social de cet initiateur extraordinaire, où l'on enseignait encore : l'astronomie, les sciences occultes et symboliques, la théologie, l'ontologie, la psychologie, la morale, la politique, la poésie, la musique, l'esthétique, l'anthropologie, la gymnastique et l'hygiène, où l'on enseignait enfin toutes les sciences possibles sans les séparer, par une série d'initiations graduées.

Ceux qui arrivaient à posséder la clef rationnelle de la synthèse universelle étaient sans doute peu nombreux.

Le peuple excité, comme toujours, par des meneurs politiques, que la puissance morale de Pythagore effrayait, brûla l'institut et les ouvrages du maître.

A défaut de documents écrits, la clef d'un système

trop vaste pour les intelligences, dut vite se perdre, chaque disciple s'attachant à une spécialité. Quoi qu'il en soit, à tort ou à raison, à certains indices, il nous paraît probable que toutes les sciences pythagoriciennes pouvaient s'unir dans une unité assez parfaite, comme les chaînons d'une métaphysique achevée et universelle, qui exprimait alors le monde à son point de vue le plus complet.

A cause de la pénétration de détail des sciences modernes, le problème est aujourd'hui bien plus complexe, il ne suffirait plus aujourd'hui de reconstituer simplement la synthèse pythagoricienne, même en découvrant les sens mystérieux des symboles, qui sont comme autant de formules indéchiffrées, mais elle peut servir d'exemple.

L'unification de la science peut au moins être posée comme un idéal vers lequel il faut tendre, comme étant la condition de sa vérité générale.

Actuellement, la lacune entre les sciences physico-mathématiques d'une part, entre les sciences logico-psychiques d'autre part, est un abîme qui doit être comblé ; et ce n'est pas le seul : il y a à relier les sciences biologiques à ces deux groupes, les sciences occultes elles-mêmes, mais rectifiées, et l'ensemble de ces sciences doit satisfaire à la raison morale.

Il ne doit pas être permis de supprimer ou d'écarter d'emblée une seule science, sous prétexte qu'elle est imparfaite, pour simplifier le problème ; c'est peut-être parce qu'on a pris ce parti qu'il n'a pas été un peu résolu ; toutefois il est permis de rectifier les points de vue de certaines sciences et de les épurer.

Dans le plan du monde cherché, les grandes lignes que les déductions des principes de la raison universelle traceront, ne s'appliqueront pas encore à des cas particuliers, elles se borneront à des généralités et à des abstractions, de sorte qu'elles resteraient des cadres vides, des routes désertes, si on n'y introduisait pas les êtres actuels en mouvement et la vie qui se continue.

Si l'on prenait comme point de départ les conceptions physiques du monde, c'est-à-dire le monde conçu comme un mécanisme, on devrait rétablir, retrouver, par une pénétration plus grande le monde métaphysique, duquel la matière se dissipe, et possédant les unités, on pourrait s'en servir pour représenter le monde actuel et pour faire rentrer tous les faits dans un fonctionnisme universel.

C'est pourquoi les principes de la raison devront être d'abord appliqués à ce qu'il y a de plus simple, à l'unité absolue, à l'atome primordial ou à la monade la plus élémentaire, qui est le premier élément de construction.

Il s'agit de refaire avec cet élément les systèmes existants en se servant de la raison comme puissance créatrice, en substituant la raison aux puissances naturelles organisatrices, qui n'opèrent du reste que suivant la raison universelle pour former des corps, en composant un tout suivant un ordre avec des unités ou monades.

La seconde méthode, à laquelle on est ainsi conduit, est en quelque sorte une application spéciale et un complément de la première.

A cause de la relativité de notre expérience, c'est aussi une méthode de pénétration et d'invention, qui exige le perfectionnement de concepts trop restreints et la création de nombreuses hypothèses. Elle consiste, par reconstitution, à partir de l'élément absolu le plus simple pour aller à la rencontre des éléments relatifs, que font connaître la physique, la chimie et, plus tard, la biologie, en un mot, elle consiste à partir de *la monade qui fait fonction d'atome primordial* pour arriver aux éléments des corps bruts et à ceux des corps organisés.

L'unité absolue, qui est objectivement l'indivisible, sera posée comme une limite de l'espace avec les propriétés passives, négatives même, qui sont compatibles avec son absoluïté. Or le problème est de construire avec lui des atomes multiples, des systèmes élastiques, de premiers éléments mécaniques par conséquent.

Point des plus importants, ce problème semble impossible tant qu'on n'accorde pas à l'atome primordial un pouvoir spontané d'orientation.

Nous avions différé au début de cet article de donner l'explication de *cette nécessité du pouvoir d'orientation* pour l'unité élémentaire, et nous l'indiquons sommairement ici.

Nous retrouvons dans ce pouvoir, sans l'avoir cherchée, la déclinaison des atomes, nous retrouvons sans avoir eu d'abord la pensée de l'introduire, la conception d'Épicure, et cela, par une déduction rationnelle, qu'on peut ainsi résumer :

L'élasticité exige un déplacement de parties ; en se maintenant sur le terrain de l'absolu, on doit affirmer que l'atome définitivement simple ne peut être élastique, n'ayant qu'une partie dans l'espace. Comment donc la relation de plusieurs atomes simples pourra-t-elle engendrer une zone d'espace qui réagit, qui est élastique ? Rien que si en prenant contact ces atomes se quittent par des mouvements de rotation.

Mais ces atomes par leur constitution indéformable se touchent toujours normalement ; ils ne sauraient par suite recevoir du dehors les mouvements de rotation nécessaires pour déterminer comme une réaction élastique.

Donc ce sont eux-mêmes qui doivent produire leur rotation, laquelle a besoin d'intervenir pour permettre des atomes élastiques composés, et cette rotation est *une autorotation.*

Ce pouvoir interne, qui est la manifestation d'une force libre, dans un but compréhensible, en vue de maintenir une équilibration, fait donc de ces atomes des unités psychiques, ou des monades.

Ainsi a lieu sur ce système, uniforme et monovalent, qui est l'unité inférieure et l'élément des autres systèmes naturels, la fusion de la science du physique et de la science du psychique. *L'autorotation représente la liberté en face du choc, qui n'a lieu que normalement, et qui représente le déterminisme.* A l'action extérieure, répond un acte intérieur contingent. Si deux atomes concourent vers un point de l'espace au même instant du temps, sans qu'un obstacle puisse s'opposer entre eux, le choc fatalement doit avoir lieu en ce point, et étant prédit, représente la fatalité.

Certains systèmes construits avec les atomes élastiques devront correspondre aux atomes chimiques, certains systèmes construits avec ces derniers devront correspondre aux molécules, et les mouvements vibratoires, de phases appropriées aux atomes de divers ordres, devront expliquer la radiation, la chaleur, la lumière, l'électricité et le son. Plus tard, en poursuivant les constructions idéales, on devra retrouver les trois états des corps pondérables, et on devra découvrir les causes intimes de phénomènes divers.

Le pouvoir d'orientation à une origine du mouvement, l'autorotation, qui se déduit comme une nécessité dans l'atome primordial, doit se reconnaître dans les systèmes successifs, dans les unités composées, qui dans la nature sont par suite des êtres vivants, ou des sociétés vivantes, sous les apparences d'agrégats et de mélanges, de masses et de nébuleuses.

Cette autorotation générale du système dépendra d'une monade dominante, qu'on ne pourra plus assimiler à un atome primordial quelconque, et elle sera produite nécessairement par un grand nombre d'actions instantanées de cette monade — àme du système — sur les monades subordonnées pour déterminer dans l'ensemble *le sens du mouvement à son origine.*

Différentes de l'autorotation générale, sont les autorotations individuelles des monades inférieures, des monades à tous les degrés, lesquelles n'en per-

sistent pas moins dans leurs ressorts propres, en
étant conditionnées par l'équilibration de tout le
système.

A tous les degrés hiérarchiques, se place de quelque manière, plus ou moins manifeste, cette autorotation, qui représente un choix contingent des solutions possibles, et qui signifie partout : le pouvoir, la
direction, la pondération, l'équilibration. Elle existe
dans le vol et dans la natation chez les animaux ;
elle existe jusque dans les corps célestes.

Il ne faudrait cependant pas la voir dans une
rotation quelconque d'un corps matériel. Dans le
navire, ce pouvoir est exercé par le pilote, et dans
la machine par le mécanicien. Un bicycliste, par
exemple, dirige constamment sa machine et la main-
tient constamment en équilibre par la rotation du
guidon, c'est-à-dire par une autorotation conve-
nable.

Dans la marche de l'homme, l'autorotation est tout
aussi nécessaire, quoiqu'elle soit moins facile à apercevoir et qu'elle puisse être exercée par un centre
nerveux.

Les communications de systèmes naturels à systèmes naturels sont en conséquence susceptibles de
se traduire par diverses solutions de mouvements,
parmi lesquelles, la plus probable est la plus ration-

nelle au point de vue de ces systèmes, considérés comme des unités vivantes.

Passant de la synthèse des éléments des corps bruts à la synthèse idéale des éléments des corps organisés, de proche en proche, par une intégration mécanique et psychique, on en viendra à reconstituer logiquement les cellules et les êtres pluricellulaires que sont les plantes et les animaux. La reconstruction théorique des systèmes naturels est une étude qui comportera beaucoup de détails et qui mettra à contribution dans un travail commun toutes les sciences.

Le but, ici, a été de montrer, en résumé, la marche à suivre pour relier la métaphysique à l'expérience, et l'intelligible au sensible, en tenant compte de toutes les connaissances.

Les solutions parvenant à s'enchaîner avec continuité, répondant finalement à l'expérience, les déductions de la raison pure auraient fini alors par se raccorder avec les déductions de la raison scientifique, qui sont fondées sur l'observation des choses ; et *l'unification de la science,* de la science entière, pourrait — du moins on peut l'espérer et la préparer — suivre un jour celle de la raison.

Deux méthodes ont été entrevues pour embrasser

et pour pénétrer le monde réel, ou ses raisons — ce qui revient au même idéativement — et ces deux méthodes devraient simultanément concourir à préparer la fusion de toutes les sciences dans une philosophie métaphysique.

La première méthode part du sommet, qui est la raison universelle, et la seconde méthode, soutenue par les principes de la première, part de l'élément absolu, de l'unité élémentaire; la recherche *des principes de la raison universelle* est plus proprement logique et morale, tandis que *la reconstruction rationnelle des systèmes naturels* est plus proprement scientifique et mathématique; les deux méthodes sont philosophiques et métaphysiques. L'une et l'autre, se complétant, devraient concourir à représenter le tableau du monde à son point de vue le plus complet, la première étant un coup d'œil circulaire sur le monde, qui l'embrasse, et la seconde étant un regard continu dans une direction qui en pénètre la réalité.

IIe PARTIE

Quels sont les principes
de la raison universelle?

I. — PRÉLIMINAIRES

Tous principes rationnels, encore relatifs, subordonnés, doivent se fonder sur *une base absolue*, qui serait elle-même un principe (comment ne serait-elle pas un principe?), le premier principe synthétique de toute raison, si l'intelligence humaine était capable de condenser en une seule formule, en un seul principe verbal, ce qui est la condition de toute espèce d'évidence, ce qui fait que l'esprit voit clair.

A défaut d'une seule formule, cette base s'exprimera par plusieurs formules qui seront solidaires, cette base tiendra dans *plusieurs principes également irréductibles*. La suppression d'un seul de ces principes en le niant, les niant tous, et tous les principes relatifs qui en découlent, devra entraîner la perte de la vision de l'esprit ou l'impuissance de l'intel-

ligence, et devra rendre impossible d'atteindre une
évidence, de mettre l'esprit d'accord avec lui-même.

De là un moyen de les vérifier, qui est une expérience logique, le supérieur ou l'absolu ne se laissant pas vérifier autrement par l'inférieur ou par le
relatif, le supérieur ne se prouvant pas directement
par l'inférieur, qui ne le contient pas en totalité.

Exprimer ces principes primordiaux de la raison
universelle, c'est mettre en lumière ce qui est la
base ultime de la plus haute certitude, ce qui en
est l'unique base, ce qui, chez toutes les intelligences, permet la certitude logique et donne une
signification aux faits perçus par l'esprit.

La possession de ces principes — toutes discus-
sions les ayant vérifiés comme il vient d'être dit et
les ayant confirmés avec le temps — doit produire
l'unification de la raison universelle entre les sciences
et entre les esprits, et elle doit fournir par déduction
logique du général au particulier toutes les raisons
usuelles dominantes, raisons pures, raisons scientifiques, raisons morales, raisons pratiques, qui sont
employées légitimement pour former des jugements.

Par ordre de subordination, on peut distinguer
trois degrés de la raison supérieure ; ces trois degrés de la raison supérieure, qui s'élève au-dessus

de la raison sensible et de la raison pratique, de la raison qui a en quelque sorte pris une conscience claire d'elle-même, sont : *la raison morale* ou divine, *la raison pure*, et *la raison scientifique*.

La raison pratique n'est guère que la mémoire rationnelle des observations et des faits matériels, et son application à des cas non identiques peut réclamer une théorie scientifique.

La raison scientifique, au-dessus de la raison pratique, trouve sa preuve dans l'expérience qu'elle crée, et qui ne vaut que ce qu'elle vaut elle-même, parce qu'elle lui est subordonnée, et cette raison s'élève jusqu'à la raison pure en voulant concevoir une unité, qui n'est plus donnée par l'expérience. C'est la raison pure qui juge la raison scientifique.

La raison pure à son tour trouve sa sanction dans la raison morale, à laquelle elle ne doit pas être contraire, si même elle n'aboutit pas directement à elle sous forme active.

Quant à *la raison morale*, malgré sa suprématie, et sans doute à cause de sa suprématie, elle est introduite dans les plus simples intelligences par la conscience du bien et du mal, par le sentiment de la liberté ou du libre arbitre, qui est inséparable de l'idée du bien. Elle ne saurait être confondue pour cela avec la raison pratique.

Trouver en quels principes résident ces raisons, qui sont les trois divisions de la raison universelle, telle est la grande question.

Du fait que *la raison universelle* — nous démontrerons plus loin qu'elle est *universelle* — permet d'émettre des raisons qui font autorité, il est bien évident que, ne pouvant donner que ce qu'elle contient, et à un degré moindre de puissance, elle est constituée elle-même par un principe qui a force de loi, ou par des *principes communs irréductibles*, puisque l'intelligence de l'homme est réduite à la nécessité d'analyser le principe unique pour le saisir par des réflexions.

Raison morale, raison pure et raison scientifique peuvent à la fois se combiner dans l'acte qui relie ainsi leurs principes.

Autre chose du reste est de savoir par quels agents est exercée la raison, autre chose de savoir comment est employé son principe dans un esprit individuel.

Les agents psychiques, qui constituent la puissance de cet esprit individuel, qui composent sa raison en tant que faculté, qui exercent la fonction, appliquent le principe ; ainsi une loi législative qui régit le fonctionnement d'un parlement, est mise en vigueur par ses membres.

Ce que le parlement est à la loi, la faculté de la raison l'est à son principe. Ces agents, qui sont les monades principales de l'individu, sont sans doute présidés par *l'âme monadique,* et ils siègent dans les centres cérébraux où la conscience a lieu.

Ceci soit dit pour éviter quelque confusion et pour donner un léger aperçu de l'âme raisonnable, *de l'âme composée,* qui correspond à l'entendement et qui est la puissance de l'esprit.

En passant, il est aussi utile de faire entrevoir ce que c'est que la foi par rapport à la raison de l'individu. La conception sera mise plus loin à profit. On n'a pas le droit assurément de rejeter la foi au nom de la raison, ni de se prononcer autrement, si l'on ne sait pas ce que c'est que la raison, si on ne sait pas comment elle s'exerce effectivement.

La foi est une adhésion de l'esprit à une communication dont il ne peut atteindre la preuve ; elle est vraisemblablement l'adhésion d'une association de monades à une communication de l'âme simple, dite monadique, ou au moins à une communication d'un noyau très prépondérant de monades supérieures. Ainsi une société accorde sa confiance à la parole de ses chefs.

La vérification de cette communication, ou sa traduction rationnelle, peut demeurer impossible pour

la masse de l'esprit, laquelle ne fait que reconnaître
une supériorité morale et lui donner son crédit,
faute de pouvoir *comprendre exactement* ce qui est
au-dessus de sa pénétration.

C'est de la même façon que la grande majorité
des hommes, même avec une certaine instruction,
croient les vérités énoncées par les savants, c'est
de la même façon que chacun croit ce qu'il ne peut
directement apprécier, quand le fait lui est transmis
par quelqu'un qui offre des garanties aussi fortes
qu'on peut en demander.

Les principes de la raison universelle sont aussi
bien des principes législatifs du monde réel partout
où la liberté intervient : la raison universelle chez
un être, la raison de l'être, est un reflet de la Raison
qui est l'Être, de la Raison suprême. Quoique cette
origine de la raison ne soit pas d'abord manifeste,
qu'on sache — que l'être est ici — *l'être qui devient*, la créature, le vivant, — que l'Être est ici —
l'Être immuable, le créateur, Dieu ; enfin dans ce
concept, la notion de reflet a un sens actif et métaphysique, le sens d'ordre réduit, de germe homo-
logue, et non le sens ordinaire, qui est passif et
physique.

Les principes de la raison universelle doivent logiquement relier par un verbe des termes absolus,

c'est-à-dire qu'ils posent l'absolu, soit pour expliquer les êtres réels, lesquels sont l'absolu qui se
réalise, soit pour expliquer l'Être, qui est l'absolu réalisé, ou plutôt pour expliquer leurs rapports.

Seul ce qui est absolu est réellement, est un être
réel, au milieu des choses relatives qui apparaissent
dans le phénomène ; réciproquement, ce qui est un
être réel est absolu, il ne pourrait ne plus être, ce
qui est le caractère des choses relatives ; cependant
il pourrait, étant, devenir encore, et il faut distinguer ce qui est en devenir de ce qui est immuable :
pour — ce qui est en devenir —, on peut se demander — combien est-il, — ou — combien est-il de-
venu ; mais pour ce qui est, le combien est l'entier,
l'achevé.

La raison pose l'absolu, et une science ne pose le
relatif, qu'en sous-entendant l'absolu, soit théorique, soit naturel.

Une science qui se donne pour but d'extraire
les principes essentiels de la raison fait partie de la
science première, et d'elle doivent se déduire les
principes des sciences de tous genres.

Faisant intervenir l'absolu, c'est une logique, non
pas seulement de forme, mais de fond, faisant intervenir l'acte, qui exige des unités naturelles, c'est

une logique métaphysique, qu'on pourrait appeler *métalogique*[1].

A chaque degré de la raison supérieure : *raison morale, raison pure, raison scientifique*, correspondront des principes plus spéciaux, soit *à l'idée de bien*, soit *à l'idée de cause*, soit *à l'idée de phénomène*, de sorte que, si on voulait donner des noms également aux trois divisions d'une telle logique métaphysique, on pourrait les appeler respectivement : Finalogique, Causalogique, Phénologique. Enfin, si la métalogique traite de l'Être immuable en tant que Dieu, elle peut être dite Théologique.

Nous comprendrons sous ces termes quatre chapitres de cette partie, après avoir montré dans un premier qu'il faut avant tout affirmer l'existence de la raison universelle (raison qui n'a rien de commun dans le langage avec — la raison volitive qu'on tirerait du consentement universel — soit dit pour prévenir tout malentendu).

---

1. Nom déjà donné par Schopenhauer à la logique de certains principes rationnels (quadruple racine de la raison suffisante).

II. — AFFIRMATION DE LA RAISON UNIVERSELLE

Le même absolu, qui fait *effectivement* le fond de l'être en général, fait aussi *idéativement* le fond de la raison, et c'est pourquoi l'être en général peut être atteint en principe par la raison.

Le point de départ de la raison métaphysique est **l'affirmation de la raison universelle**, affirmation telle qu'elle est sans autre alternative, que sa négation est sans valeur, n'ayant aucun droit à être seulement posée. On doit dire : *la raison universelle existe en ses principes communs irréductibles, qui sont la condition de l'intelligibilité, qui permettent la communication des intelligences à divers degrés,* qui permettent l'affirmation des jugements et qui donnent le droit de démontrer quelque chose en lui donnant un fondement.

Si l'existence de ces principes assure la communication subjective et interne, un mode de transmission ou un mouvement doit d'ailleurs assurer la communication objective ou externe ; le langage et le téléphone se distinguent d'une manière analogue dans leur rapport usuel.

Il faut choisir : *ou la raison existe au moins dans ses expressions irréductibles, qui la rendent commune, universelle, jusqu'entre les plus élémentaires intelligences,* — *ou elle n'existe pas même dans ces substrats, elle n'existe pas hors de la soi-disant raison arbitraire et caractéristique de l'individu, qui est la raison du bon plaisir.*

Voilà, en second lieu, ce qu'on n'a aucun droit de soutenir. Si l'on veut soutenir — car c'est ici une question de vouloir, non de pouvoir — avec plus ou moins de détours, peu importe, ce dernier cas, quelle autorité a-t-on pour discuter contre la raison universelle, contre la raison qui se communique (comme raison, non seulement comme mots), puisqu'on la récuse, puisqu'on nie que *la communicativité,* que sa propriété nécessaire, lui donne sa réalité et qu'on se sert en même temps de cette propriété niée ?

Des paroles n'ayant hors de la raison aucune valeur démonstrative, toute croyance à part (et nous avons eu dans les définitions préliminaires la précaution de montrer comment la croyance, comment la foi, se justifiaient comme étant l'adhésion légitime à une raison renfermée au cœur de l'être, qu'on ne peut atteindre complètement par suite d'une infériorité naturelle de l'esprit, conçu tel qu'une mul-

titude), de semblables paroles donc ne sauraient être
que des ritournelles d'idées qui sont propres à leur
auteur, à peu près comme le chant du coucou, ri-
tournelle de sons, est propre à cet oiseau.

Cette raison universelle doit tout à la fois être
entièrement indépendante des formes d'entendement
des êtres raisonnables, quelle que soit du reste
l'étendue de la raison universelle qu'ils découvrent,
et quels que soient les moyens de représentation
par lesquels ils l'expriment. Il y aurait autrement
autant de raisons universelles dissemblables qu'il y
aurait de formes d'entendement, qu'il y aurait d'êtres,
c'est-à-dire qu'il n'y en aurait pas, c'est-à-dire qu'il
n'y aurait que des raisons individuelles, que des
raisons entre elles irrelatives, *tous les principes
d'une de ces raisons devant être un*, que des raisons
qui n'en sont pas, ainsi qu'il vient d'être établi auparavant.

PRINCIPES CONCEPTIQUES PRÉLIMINAIRES

Le premier principe de *la raison universelle* est
donc le suivant :

1° La raison universelle existe.

La réalité immuable est la Raison même, la raison en pleine possession d'elle-même, l'Être ; les réalités dans le devenir — les êtres — ont leurs raisons, et les apparences qui en procèdent — les phénomènes — ont leurs raisons, quoique réalités et apparences puissent être de divers degrés.

Ainsi, tout a une raison qui se rattache à la raison universelle, qui est enveloppé dans la raison universelle.

Le second principe de la raison universelle est par suite :

2° Tout a une raison.

Une cause n'est pas nécessairement une raison, mais une raison est toujours une cause de quelque manière. La raison est au-dessus de la cause, parce qu'elle est intelligible et parce qu'elle produit la cause.

Il ne nous est pas permis de quitter encore la généralité la plus haute ne devant tirer qu'en descendant le particulier du général, il ne nous est pas encore permis d'invoquer des exemples.

La conception logique des concepts — raison et cause — exige :

3° Toute raison est cause.

On ne peut pas dire que toute raison est cause effective, car il faut tenir compte de la volonté dans l'acte ; mais toute raison — voulue causante — peut

être considérée pourtant comme raison effective,
une volonté ne pouvant agir que suivant une raison,
parce qu'elle ne peut être *volonté indéterminée*.

Toute cause est en surplus une force au sens métaphysique, et si on laisse de côté tous les sens
étrangers contradictoires. La raison est donc encore
comme puissance génératrice au-dessus de la force,
laquelle est engendrée par la cause. Par conséquent :

4° Toute raison est force.

La raison universelle contient à la fois le commencement, la suite et la fin des choses, parce
qu'elle contient, tout en dehors des limites d'une intelligence, en tant que participant tout entière de
— la Raison qui est l'Être — et qui s'identifie avec
la Volonté suprême.

Elle contient comme raisons les êtres mêmes, qui
sont — êtres simples : des monades ou des âmes,
qui sont — êtres composés : des vivants, des systèmes naturels.

A ce point de vue, on a :

5° Toute raison primitive est un être.

Les lois physiques sont des causes seulement,
tandis que les lois voulues sont des causes et des
raisons, causes correspondantes au fond, mais qui
sont vues à des distances différentes de leurs sour-

ces ; les premières, qui sont des moyennes d'application passées à l'état de régimes et d'habitudes, deviennent pour nous des raisons intermédiaires ; les secondes, qui sont des actes dirigeants, en vertu d'un mandat impératif moral et naturel, qui déterminent le travail des masses, sont les manifestations des raisons primitives.

Pour que le décret d'une volonté directrice devienne à nos yeux une loi naturelle, il faut supposer une hiérarchie de monades extrêmement complexe, dont les dernières, très obscures, font fonction d'atomes.

La raison de l'homme ne peut pas encore déduire directement que la loi morale aboutit dans l'application à la loi physique.

Ces principes préliminaires ne sont jusqu'ici que des affirmations et que des définitions, qui doivent précéder l'énonciation des principes proprement dits de la raison universelle.

L'acte est impliqué dans toute production effective, qui est le fait d'êtres, et il restera sous-entendu dans les principes qui n'exprimeront pas un acte, mais la loi d'un acte possible.

Comment les raisons doivent-elles rendre les actes possibles ?

C'est en les faisant apparaître comme de, manifestations intelligibles des êtres et intelligibles pour les êtres.

Une raison doit pouvoir servir à une fin. Associée par la volonté à une fin, une raison est conçue comme raison finale, une raison disponible devient l'idée d'un acte, et en tant que raison finale elle se propose un bien. De raison pure, avant que l'acte se pose pour le libre arbitre, l'acte se posant, elle devient raison morale.

Un bien est le but de tout être, par exemple une conservation de son être, par exemple un accroissement de son être, tels buts qu'il poursuit par les moyens que lui fournissent les causes intermédiaires, à lui connues par des idées, qui peuvent être des raisons pratiques et des raisons scientifiques.

La tendance par laquelle l'être, cause primitive aussi, veut, non sans résistances, non sans effort, accomplir, grâce à des causes intermédiaires, un bien qui est le but et qui devient la raison finale et morale, c'est l'acte, qui au dehors aura pour suite le mouvement, c'est l'exercice du *pouvoir d'orientation*, qui est la réaction pure de l'être en face du choc, en langage objectif.

L'acte supposera une dualité ou une multiplicité de causes, d'êtres, qui entreront en relation, c'est-

à-dire qu'il supposera le mouvement des unités dans
le temps à travers l'espace.

Les principes que nous allons maintenant émettre, seront les principes actifs et générateurs de la
raison universelle, qui apparaissent dès que la raison entre en activité, dès que la cause produit l'effet, dès que la liberté s'exerce, dès que le mouvement se développe.

On a vu que le sens du mot *raison* est des plus
étendus, mais s'il est un sens qu'on ne doit pas restreindre c'est celui-là ; car tous les termes idéaux
ont ce terme pour clef de voûte.

III. — PRINCIPES DE RAISON PURE

La raison universelle, qui existe comme cause,
comme force, comme raison sociale dans les êtres
et entre les êtres, qui préétablit en quelque sorte
une harmonie interne, est appliquée par les esprits
raisonnables, dits raisons individuelles, qui siègent
là où se produit la pensée.

Principes de raison pure, principes de raison morale, principes de raison scientifique sont solidaires
dans l'acte; ou dans l'action correspondante, qu'ils
ont pour caractères communs de rendre intelligibles.

Certaines formules qui pourront se restreindre à un point de vue mathématique fourniront l'identité des deux termes, tandis qu'au point de vue logique elles se ramèneront à *l'intelligibilité* (dite par extension identité logique), dont le contraire est l'absurdité. Le rapport qualitatif, exprimé par un verbe, est un rapport logique en comparaison du rapport quantitatif, du rapport d'égalité, qui est mathématique.

De même que produire la clarté est la fonction de la lumière, produire l'intelligibilité est la fonction de la raison. La non-intelligibilité peut n'être pas toujours une contradiction absolue, elle peut aussi bien n'être qu'une contradiction relative, si elle provient d'une lacune d'idées, si les idées de transition ou si les concepts relatifs aux termes à réunir manquent à l'esprit, ne sont pas encore accessibles à l'esprit.

La raison universelle a ses échelons, mais c'est une échelle qui est à la portée de tous ceux qui la voient. Cette raison commune est simplement offerte à toute conscience raisonnable, humaine, ou autre, avec une certaine mesure d'intensité, par une intuition plus ou moins explicite, plus ou moins générale ; elle est offerte d'une façon bien simple : par trois concepts *à priori* qui ne se déduisent pas.

Ce sont : 1° *le concept de pouvoir agir* ou *la conscience d'un libre-vouloir,* 2° *le concept de cause* — concept causalogique — et 3° *le concept de bien* — concept finalogique — le premier les unissant en fait. Ces trois concepts, naturellement donnés ensemble dans toute conscience, sont la condition de possibilité de tout acte libre pour toute espèce d'être.

L'idée de cause en effet donne le moyen d'atteindre le but que propose l'*idée de bien* grâce au *pouvoir d'agir,* révélé par son idée, par *la conscience de la liberté.* **L'acte n'est donc possible que par la priorité de ces trois concepts, qui le déterminent, qui lui donnent son orientation première.**

Cependant, l'acte se poursuivant, des résistances demanderont des efforts de l'être ; le plaisir et la douleur naîtront avec ces résistances.

L'acte étant le fait le plus certain et le plus général, on est entré avec lui en pleine réalité.

CAUSALOGIQUE

Le concept pur de cause est d'abord indépendant des concepts d'étendue et de durée, qui, étant des formes de réceptivité en partie propres à notre entendement, se trouvent pourtant liés à lui dès les premières manifestations de notre activité dans le monde sensible, dans le corps vivant.

Esprit, moi, je conçois que j'existe, que je ne me suis pas donné l'existence, et qu'une autre existence a dû me la donner.

Pour faire cette reconnaissance de mon être, je n'aurais besoin en principe (peut-être faudrait-il pour cela être une existence simple), je n'aurais besoin ni d'exister dans une durée donnée, ni d'exister dans un espace donné ; et je conçois que *la même idée de sa cause* doit se trouver en tout esprit raisonnable, doué ou non d'un corps ; puis, que la même raison, la cause, doit se poser pour toute existence, qui, n'étant pas raisonnable, ou qui n'étant pas même sensible, est encore bien moins capable de se créer, et pour toute apparence, qui n'est plus qu'un dernier effet.

C'est pourquoi, avant d'avoir fait aucune expérience sensible, je puis affirmer **ce principe capital** de la raison universelle :

6° Tout effet a une cause.

La cause est conçue comme ayant une existence supérieure à l'effet, qu'elle doit toujours envelopper et contenir en puissance, sinon en acte.

Par une réduction réciproque des deux termes,

effet et cause, qui sont comme les deux membres
d'une équation, d'autres expressions, d'autres principes se déduisent de ce fondement de la raison
pure.

Voici d'abord des expressions qui sont équivalentes :

Tout ce qui devient, procède de ce qui est.

**Tout ce qui est relatif, provient de ce qui est
absolu.** .

L'absolu est l'origine des êtres relatifs.

**L'Être immuable est le principe des êtres qui
deviennent.**

L'effet devient, parce que la cause est.

**A un effet réel en devenir, correspond une
cause réelle.**

La réalité de la cause est, par conception et par
définition, d'ordre supérieur à celle de l'effet, même
si l'effet est une existence vivante et consciente, de
sorte que le rapport de l'effet à la cause primordiale
est le rapport du relatif à l'absolu, qui a pour sym-
bole mathématique le rapport du fini à l'infini, ou
encore, le rapport de l'infiniment petit au fini. Mais
le rapport logique des termes est plus large et plus
complet et moins exclusif que ce rapport quantitatif,
car il est aussi bien qualitatif, soit quantitatif à une
foule de points de vue.

Ce rapport est celui de — *ce qui est moins à ce qui est plus* — dans lequel l'effet, *le moins* est donné par la cause, *le plus ;* c'est *le plus être,* la cause, qui peut donner *le moins être,* l'effet, et l'inverse est impossible.

On peut donc énoncer cette sorte d'inégalité qualitative :

7° L'effet ne peut donner la cause,

et encore cette autre :

8° L'effet est moins que la cause ;

et inversement :

9° La cause est plus que l'effet.

Comme expressions équivalentes on a :

Le supérieur donne l'inférieur.

Le supérieur subordonne l'inférieur,

et l'identité logique : **le supérieur est plus que l'inférieur.**

Désormais, on peut réduire (7) — *l'effet ne peut donner la cause* — à sa plus simple expression en n'y laissant des facteurs idéaux, effet et cause, que les valeurs mutuelles indispensables à la relation, c'est-à-dire que les valeurs, moins et plus. D'où :

10° Moins ne peut donner plus.

Ici, ce rapport s'entend en général *qualitativement,* et seulement comme un cas particulier quantitativement.

Il est presque inutile de faire remarquer que de la même manière (8) donnerait l'identité : moins est moins que plus.

Avant de tirer de ce principe : (10) — *moins ne peut donner plus* — des conséquences matérielles, il est bon de considérer que jusqu'ici on n'a pas encore pénétré dans le domaine de l'expérience sensible, que l'expérience interne, directe et immédiate, a seule été invoquée, par suite que les effets dans les formules précédentes peuvent garder encore la valeur d'existences, leur cause ou leurs causes étant des existences superdonnées.

A majeur argument, ces principes seront-ils vrais dans le domaine de l'expérience postérieure, externe et indirecte, des sens, pour des effets phénomènes, pour des effets secondaires, qui seront les produits de causes véritables ou de causes-existences.

Ce dont il faut se garder, c'est de poser comme cause ce qui ne saurait être cause ; ainsi les causes imaginaires, toutes causes qui seraient inférieures à leurs effets, ne sont que des intermédiaires, que des agents, que des déterminants, subordonnés aux causes réelles qui demeurent inaperçues. En mécanique, cette erreur conduit au mouvement perpétuel, et en métaphysique, elle conduit par différence à tirer quelque chose de rien.

Le principe : moins ne peut donner plus, ne doit pas être oublié ; et il faut repousser, au moins en métaphysique, toutes les apparences et toutes les erreurs de langage, qui contiennent de si étranges jugements que : les petites causes produisent de grands effets, que l'homogène engendre l'hétérogène, et que tout autres qui aboutissent à cette contradiction logique — moins peut donner plus.

A vrai dire, il y a des influences déterminantes, des causes additionnelles, qui ferment un circuit, qui amènent le moment critique, qui achèvent plus ou moins vite un cycle préparé, et qui assurent la perpétration d'une action anonyme.

Un effet vraiment simple au sens métaphysique, ne doit procéder que d'une seule cause ; un effet quelconque, composé, qui résulte de plusieurs causes relatives, suivant la même rigueur, ne doit procéder que d'une seule cause définitivement absolue ; car deux causes absolues — différentes — n'auraient rien de commun, et leurs effets non plus, aucunes relations ne seraient possibles, ni entre les causes, ni entre les effets.

D'autre part, deux causes absolues — identiques — ne se distinguent plus d'une seule et ne font qu'une. L'existence de Dieu est déjà impliquée dans la cause absolue.

Les êtres qui deviennent, quoique causes véritables, ne sont donc pas de telles causes, et il n'y a dès lors de cause *définitivement absolue* que l'Être immuable, dont ils doivent tous procéder pour communiquer entre eux, si peu que ce soit. C'est indispensable de comprendre que *deux causes rigoureusement absolues,* si elles ne sont pas la même, sont irréductibles, sont incompatibles, sont *absolument autres* en un mot ; qu'elles n'ont donc pas de relations possibles, ce qui veut encore dire pas d'effets communs ; donc qu'elles ne peuvent se poser ensemble.

Qu'on ne perde pas de vue la distinction profonde qu'il y a entre la conception arbitraire de la causalité relative, soit de la causalité physique, et entre la conception nécessaire de la causalité absolue de l'immuable, qui engendre la causalité réelle du devenir, et les causes cependant bien réelles que sont les êtres existants.

*   *
*

Le principe (10) — moins ne peut donner plus — est applicable à des choses *hétérogènes de génération*, pourvu que leurs qualités soient de valeurs assez inégales, l'une étant, par exemple, privée d'une qualité de l'autre, qui est supérieure aux siennes.

Appliquons-le entre les concepts — matière et esprit :
la matière n'a que l'existence inconsciente et l'esprit a l'existence consciente ; la matière ne se manifeste que comme force passive ou comme énergie,
tandis que l'esprit se manifeste comme force active
ou comme liberté. Donc on a :

11° La matière est moins que l'esprit.

La matière, — du reste (10) et (11) le prouvent,
ne peut donner ce qu'elle ne contient pas, la conscience et la liberté. D'où :

12° La matière ne peut donner l'esprit.

L'esprit pourrait donner la matière ; mais la
donne-t-il ? C'est ce que nous croyons possible de
démontrer ; des vues développées étant utiles pour
cela, cette démonstration réclamerait des conceptions physiques et métaphysiques qui ne peuvent
trouver place dans cette brochure, et que nous ré-
serverons pour un traité plus étendu.

* *
*

Remarquons que la matière est d'abord une conception de l'esprit ; il semble donc qu'on peut dire :

**La notion de l'esprit — la raison — peut four-
nir la notion de la matière.**

En principe, l'esprit, toutes conditions supposées,

est capable de reproduire l'acte, ce qui permet cette autre formule :

La notion de l'esprit — la raison — peut reproduire la notion de l'acte.

Or, cette notion de l'acte, c'est la connaissance de la fonction, qui existe entre la liberté, la cause, et le bien, soit de la fonction entre le pouvoir, le moyen et le but.

L'être raisonnable se détermine pour une raison finale, pour un bien, en prévoyant et en mesurant l'effort qu'il lui faudra faire.

La cause, qu'est devenue l'être après sa détermination, après sa résolution, tire d'elle son effet par un acte qui lui est propre. L'effet est un reflet métaphysique, un reflet actif de la cause, si on isole la cause et l'effet.

Comme l'effet est un reflet de sa cause, la raison d'un être est aussi un reflet de la Raison qui est l'Être, qui est l'Absolu.

Les mondes inférieurs alors se conçoivent comme reflétant les actions sur eux des mondes supérieurs, les relations de haut en bas, étant des relations invisibles de causes à effets.

La cause, enveloppant l'effet, peut reproduire et peut absorber l'effet : l'esprit peut recommencer l'acte, la matière peut retransmettre l'action; mais

les réciproques sont impossibles en vertu de (10) —
moins ne peut donner plus. On a donc ces formules :

13° La cause absolue peut reproduire l'effet.

14° La cause absolue peut absorber l'effet,
et

15° L'effet ne peut reproduire la cause.

16° L'effet ne peut absorber la cause.

La somme de réalité d'une cause et de ses effets
reste constante, ses effets étant comme le détache-
ment en elle-même de réalités infiniment petites par
rapport à elle, cela au point de vue le plus strict, et
non aux points de vue conventionnels. On conçoit
que le tout donne ainsi ses parties, qui toutes isolément n'arrivent pas en masse à le reconstituer.

C'est la raison qui intervient comme cause pour
se faire en elle-même un tout quantitatif, une
somme numérique, avec des parties ; mais les —
touts — naturels ne sont de simples sommes que par
abstraction.

En vertu de — moins ne peut donner plus —, on
peut encore dire :

17° La quantité ne peut donner la qualité.

Hormis, en sous-entendu, la qualité inférieure
qu'est la quantité même, quantité qui est capable
d'être qualifiée par une ordination au-dessus du

nombre, qui est capable de former par une qualité nouvelle comme de nouveaux nombres d'un autre ordre, des unités nouvelles.

Par exemple, au-dessus de l'ordre quantitatif, il y a l'ordre géométrique, puis l'ordre mécanique, puis l'ordre organique, puis l'ordre psychique.

Autres expressions causalogiques.

On aura des expressions qui contiendront la forme du temps, si on fait intervenir la notion du devenir.

18° Moins ne peut par lui-même devenir plus.

19° La matière ne peut devenir l'esprit.

20° Quelque chose — cause phénoménale — ne peut devenir par lui-même ni plus, ni moins.

21° Quelque chose ne peut devenir par lui-même autre chose.

22° Quelque chose — cause phénoménale — ne peut donner plus par lui-même.

23° Quelque chose — cause phénoménale — peut donner moins comme effet phénoménal.

Ces dernières formules revenant à dire : quelque chose est identique à lui-même, quelque chose ne peut donner que ce qui est contenu en lui-même, se ramènent aisément à l'identité.

Si cependant la raison de l'homme intervient

comme force de transformation, quelque chose peut devenir plus à l'aide de cette force.

De même que le changement de nature de — quelque chose — exige une force au-dessus de lui, de même le changement de nature de — quelque être vivant, — de quelque être existant du devenir. ne peut se faire que par l'influence d'une puissance supérieure, qui lui offre, qui lui suggère, l'intuition d'un progrès, et qui fait appel à son effort en lui découvrant une voie, *une orientation meilleure.*

Quelque être vivant — pourrait donc être substitué à — *quelque chose* — dans ces formules, en mettant à la place de — *par lui-même* — **par son libre vouloir, sans l'intuition d'une idée nécessaire ;** d'où :

24° Quelque être ne peut devenir meilleur ou plus parfait par son libre vouloir sans l'intuition d'un bien.

Ce — *quelque chose* — peut sous certaines réserves être encore — *quelque idée :*

25° L'idée de la matière ne peut par elle-même donner l'idée de l'esprit.

26° L'idée d'un être vivant ne peut par elle-même donner l'idée de Dieu.

L'idée d'un être vivant doit servir du reste à matérialiser et à figurer l'idée de Dieu, une idée ne pouvant s'exprimer qu'en se liant à d'autres.

Sans procéder tout à fait des idées qui la lient, une idée nouvelle doit chercher pour s'exprimer les idées les plus voisines, les idées qui en sont le chemin préparé.

*
* *

Toutes ces formules causalogiques peuvent être éprouvées en essayant de prendre leur contraire, qui est leur négation. Si l'on ne voit pas immédiatement l'absurdité, en appliquant cette contradiction à quelqu'une des autres formules solidaires, l'absurdité deviendra manifeste, et on reconnaîtra que l'homogénéité doit entraîner la négation de toutes et supprimer l'identité logique ou l'intelligibilité de la proposition.

Ainsi : dire que — l'idée de la matière peut donner par elle-même l'idée de l'esprit — revient à dire que l'idée de l'inconscient peut donner l'idée du conscient, qu'une idée peut donner ce qu'elle ne contient pas, et cela par elle-même, qu'une raison peut aboutir à la non-identité intelligible, en posant : *que l'inférieur peut donner le supérieur, que moins peut donner plus.*

Quelque chose est cause par rapport à une autre, parce qu'elle la donne et qu'elle la subordonne, et elle peut elle-même être effet par rapport à ce tout qui l'enveloppe à son tour, ou par rapport à ce principe qui la qualifie.

Tout ce qui ne paraît pas changer, tout ce qui paraît demeurer identique, et par suite ce qui paraît antérieur, est d'abord entrevu comme cause, tandis que tout ce qui paraît changer et tout ce qui paraît en devenir, et par suite, ce qui paraît postérieur, est en même temps entrevu comme effet.

Les êtres vivants, sous le changement plus ou moins continu, ne laissent pas d'être des causes déjà profondes, alors que les corps bruts sous leur fixité apparente, persistance moyenne de masses, ne sont que des causes de forme en tant que bruts. Il y a loin quant à la causalité de l'expérience sensible à la raison pure.

Ceux qui ne sont pas métaphysiciens ne se soustrairont pas sans peine aux illusions de l'expérience, quoique les illusions de la vue leur montrent que la raison est capable constamment de les éliminer.

Il faut avouer qu'il y a de singulières lacunes entre la cause que requiert la raison pure et entre la cause du sens vulgaire.

Dans l'application, des distinctions extrêmement

délicates, subtiles, difficiles, sont nécessaires entre les causes comme entre les raisons, et ces distinctions réclament de longs développements métaphysiques.

Ni le concept de cause, ni celui de raison, ne doivent être rétrécis, tous leurs sens communiquant entre eux et pouvant se réduire l'un à l'autre. On ne saurait appeler autrement que raison ce qui est raison, ni autrement que cause ce qui est cause. *La cause matérielle* d'Aristote se ramènerait à *la quantité*, ou *au nombre des unités pures; la cause formelle*, à *l'ordre* que prennent ces unités ; *la cause efficiente*, au pouvoir organisateur, à *l'influence directrice ; la cause finale, au but* que se propose cette volonté.

Il y a *la cause primordiale*, l'absolu définitif ; il y a *les causes absolues* émanantes en tant qu'êtres, il y a *les causes volontaires* afférentes à leurs actes, il y a *les causes phénoménales* et il y a *les causes relatives* qui les représentent et qui les expliquent.

Le développement dans le monde de *la cause primordiale*, qui est l'Être suprème, qui est la Raison vivante, ferait en théorie logiquement comprendre la hiérarchie des causes, qu'on peut encore appeler réelles, par la hiérarchie des vivants, c'est-à-dire des ordres, et empêcherait de les confondre avec ces

causes secondes, avec ces causes relativement apparentes, résultantes d'actes, dérivées d'actions globales, qui sont les lois physiques, quelque fixes du
reste qu'elles puissent paraître dans la nature élémentaire.

Ces principes de causalogique, qui remontent à une
définition, absolue et réciproque, de la cause et de
l'effet, peuvent permettre de porter, pour ainsi dire
en trois mots, des jugements décisifs au nom de la
raison pure sur la validité de bien des systèmes qui
prétendent à tort se réclamer d'elle, que ce soient
des systèmes scientifiques, des systèmes philosophiques ou même des systèmes sociologiques.

Tel principe dont on a vu la déduction : la matière ne peut donner l'esprit —, est particulièrement dur pour plusieurs systèmes modernes.

Les principes de raison morale et de raison scientifique, qui vont suivre, ne feront d'ailleurs que les
confirmer et les compléter en définissant les autres
aspects de l'acte.

Tous doivent fournir des règles pour ordonner des
conceptions synthétiques qui domineront l'expérience matérielle et qui lui donneront sa signification intelligible.

Des vues métaphysiques, qui ne sont pas d'une
évidence immédiate, en s'appuyant sur eux, trouve-

ront leur preuve avec une extrême simplicité ou se présenteront comme les plus probables.

Ce sont surtout les trois formules fondamentales (7), (8) et (10) qui sont susceptibles d'application fréquente ; mais dans l'ordre des phénomènes, leur application doit être faite d'une façon d'autant plus judicieuse, que l'équivoque est plus à redouter quand on introduit des déterminations qui sont en dessous de la haute généralité.

En effet, alors que les formules mathématiques ne sont que quantitatives, ne s'expriment que par le verbe unique d'égalité simple, les formules métalogiques sont qualitatives, et, par la substitution de verbes divers, ont un ressort de conception illimité, de sorte que la subordination de l'effet à la cause peut comporter une infinité de caractères et une infinité de modes.

IV. — PRINCIPES DE RAISON MORALE

FINALOGIQUE

Si les principes de causalité qui viennent d'être émis, *reposant sur le concept irréductible de cause*, sont des critères, qui établissent que telle raison est véritable et que telle autre est fausse, les principes qui ont spécialement en vue la fin, ne se prononçant pas seulement sur des actions et sur des idées, mais sur des actes, reposant sur l'intuition du bien, seront des critères encore plus graves, engageront la moralité, et n'en feront que davantage ressortir le vrai, parce que la raison morale domine la raison pure — en vertu des principes reconnus de finalité — comme celle-ci domine la raison scientifique, et surtout parce que la raison morale domine avec une complète priorité la raison pratique que les deux autres ne font que seconder et que développer.

Jusqu'ici on croyait avoir assez dit en invoquant le sentiment moral, le sens moral ; nos animaux domestiques doivent se borner à de si simples notions ; pour l'homme, entre toutes les raisons, il y a *la raison morale*.

Il s'agit d'abord de savoir pour une intelligence ce qu'il est bon de faire, et ensuite comment il faudra le faire. Le but se pose pour l'être libre avant le moyen ; l'idée de bien subordonne l'idée de raison causale dans le ressort de la volonté responsable et règle l'idée de cause.

Le sentiment, ou plutôt *l'intuition pure de bien*, qui est la pierre fondamentale de la morale, de même que le concept pur de cause est la pierre fon-

damentale de la métaphysique neutre (si on peut
dire qu'elle est neutre), est plus qu'un sentiment,
c'est une raison synthétique *à priori* — la raison
morale universelle — qui est simplement donnée à
tout homme, constamment donnée en l'intuitive
raison actuelle d'un bien possible.

L'affirmation morale de la raison universelle devient alors le premier principe finalogique :

1° **Le bien existe.**

Dire que le bien n'existe pas, ce serait dire que
la raison d'agir n'existe pas ; or, nier quelque chose,
c'est un acte ; nier le bien, c'est donc — chose contradictoire — nier la possibilité de l'acte, alors que
cette négation est déjà un acte, nier l'acte qu'en faisant on affirme.

Le mal, la privation du bien, apparaît dans le
monde avec la liberté. Le bien ne se réalise que par
la liberté ; nier aussi la liberté, c'est nier la réalité
de l'acte ; c'est faire un acte de volonté libre et c'est
à la fois nier la volonté libre ; ce n'est pas moins
que nier le bien, une négation contradictoire, une
négation qui se contredit en fait.

Le deuxième principe est donc :

2° **La liberté morale existe,**

ou bien :

Le libre arbitre existe,

qui ont pour expression corollaire :

3° Le pouvoir spontané d'orientation de l'être est nécessaire.

Il est resté sous-entendu — *pour l'acte*. Faisons maintenant intervenir explicitement l'acte dans une expression en spécifiant que sa fin est quelque bien ; le mal est un bien inférieur, qui n'est pas proportionné à l'acte, qui est en dessous du devoir de l'être, en dessous de l'effort qu'il requiert, conséquence de la passivité, tendance au non-être.

Nous aurons l'expression suivante :

4° Tout acte libre a pour fin quelque bien.

En réalité, on doit concevoir que tout acte est libre dans son principe, émanant d'une volonté réelle ; seulement l'acte est passif quand ce pouvoir choisit un effort nul, choisit le laisser-faire.

Mettant en évidence la volonté, on a :

5° Tout acte veut un bien.

Ainsi, avant toute expérience sensible, quels que puissent être les nouveaux enseignements de l'expérience à venir, pour toute conscience libre, se pose au début la question du bien et du non-bien, qui s'offre comme une entrée de l'action à son libre pouvoir d'orientation. Presque aussitôt, une autre question se présente à l'origine du mouvement, celle de la résistance à vaincre qui réclame un effort, lequel est chez l'être simple un effort moral, si petit qu'il soit.

6° Tout acte positif exige un effort.

L'être raisonnable a par hypothèse, *sine quà non* — postulat de raison, — l'intuition de la cause concomitante de l'effet, et parce qu'il est déjà actif en tant qu'être raisonnable, il a l'intuition du bien dont le mal est une suppression. Dans d'autres termes, tout esprit raisonnable possède *trois concepts synthétiques* à priori, *le concept de raison pure, la cause* — **j'ai reçu l'existence de quelque cause** — *et le concept de raison morale, le bien* — **j'existe pour (vouloir) quelque bien** — ces deux concepts étant reliés par un troisième, *la liberté,* ou se fondant en un dans ce troisième : *l'intuition de pouvoir agir ou de pouvoir être effectivement,* vouloir étant le principe de l'effort — **j'ai reçu l'existence de quelque cause pour pouvoir quelque bien que je veux, que je dois vouloir.**

On le voit, il n'est peut-être pas besoin d'être métaphysicien pour reconnaître cette évidence de la raison universelle, laquelle est toute naturelle pour les esprits qui n'ont pas de motifs de la contester.

Quelle que soit leur nature, quelles que soient leurs facultés, les êtres raisonnables peuvent avoir en vue plusieurs espèces de biens ; la détermination de ces biens donnera plusieurs autres formules qui seront déduites de : tout acte a pour fin quelque bien.

Il y a — *bien dans l'ordre matériel;* il y a — *bien dans l'ordre spirituel;* il y a — *bien urgent :* la conservation de l'être ; il y a — *biens immédiats et passagers,* tels que le plaisir, la satisfaction, le progrès. Enfin il y a le bien stable, définitif, *le bien en soi.* Ce bien ne saurait être moins qu'un *accroissement de valeur absolue* d'une existence absolue, d'un être simple existant, d'une âme ; car tout ce qui est externe, est relations qui ne durent pas. Ce bien est l'accroissement de valeur de l'âme.

Ici on rencontre une apparente contradiction entre la raison pure (un être ne peut par lui-même devenir plus), et entre la raison morale (l'être devient plus par l'acte moral), contradiction que nous avons déjà fait pressentir, et qui serait un mystère si elle n'était pas résolue.

Le bien en soi, *la capacité de bien faire,* qui est voulue et obtenue au prix de l'effort, qui vient s'ajouter à la valeur de l'être moral, et qui vient élever sa valeur qualitative absolue, est bien l'effet de son acte libre, est bien l'effet dont l'être est la cause personnelle.

La cause-existence, qu'est l'être, s'augmenterait-elle donc à volonté ? Sans doute, mais en tenant compte de l'*intuition d'un bien* qui lui est communiquée, mais grâce à un prêt, que lui fait la Cause suprême, qui met à sa disposition la raison universelle, particulièrement la raison morale, qui pour cela peut se qualifier de divine.

L'intuition nécessaire et appropriée est mise à la disposition de l'être, qui ne saurait réaliser un bien, un acte positif, sans avoir reçu l'idée d'orientation qu'il comporte, indépendamment de ses idées acquises et des impressions sensibles.

Pour atteindre le bien véritable, ou pour atteindre un bien effectif quelconque, qui concerne le vivant, il y a aussi des biens intermédiaires, qui sont relatifs à la fin qu'est ce bien ; ces biens ne sont dès lors que des termes moyens, que des étapes, et ils pourraient être en eux-mêmes des privations.

De cette analyse sommaire des biens, on déduit d'abord deux principes psycho-biologiques :

7° L'acte urgent et immédiat du vivant doit avoir pour but sa conservation.

8° L'acte non urgent ou l'acte de prévoyance du vivant doit avoir pour but l'existence de l'avenir.

Ces principes ne diffèrent guère des formes les plus générales de l'instinct qui sont des actions, c'est-à-dire qui sont des actes vus du dehors, dans lesquels la part du libre-vouloir relativement aux influences ne peut être estimée.

Dans ces formules, on peut à — du vivant — substituer à — d'une société —, et on obtient alors deux formules sociologiques :

9° **L'acte urgent et immédiat d'une société doit avoir pour but sa conservation, son entretien.**

10° **L'acte général d'une société doit avoir pour but l'existence de l'avenir.**

Les recherches de la raison ont elles-mêmes leur finalité :

11° **L'acte de la raison a pour but la vérité.**

12° **La raison de l'être veut la certitude.**

13° **La raison pure a pour but l'absolu (la cause véritable).**

14° **La raison morale a pour but le progrès spirituel.**

15° **La raison scientifique a pour but le progrès humain.**

16° **La raison pratique a pour but le profit.**

Encore, ce profit, qui est le but de la raison pratique, peut être d'ordres divers ; ce peut être un

profit matériel, ou un profit affectif, ou un profit
intellectuel, ou un profit moral.

Les recherches, soit de raison pure, soit de raison scientifique, soit de raison morale, constituent
des actes intellectuels, des actes intermédiaires, des
actes de transition, des actes de prévoyance, des
chemins préparés par l'intelligence pour conduire
la volonté humaine au but qu'elle se propose : le
progrès du bien général.

Mais les principes, qui vont suivre, sont les plus
élevés, et s'offrent comme préceptes métaphysiques
de morale.

Le concept fondamental de finalogique : **tout
acte a pour but un bien,** qui a encore pour équi-
valent :

17° La volonté a pour but un bien,
étant mis sous la forme impérative, dans laquelle
le bien doit être compris comme le meilleur choix
de l'être raisonnable entre les divers buts possibles,
on a :

**18° Ce qui est le bien doit être le but de
l'être.**

19° La volonté doit avoir pour but le bien.

De la notion du bien en soi, qui possède sa valeur absolue, il faut maintenant passer à la conception de la valeur de l'être spirituel, qui est indé-

pendante des choses changeantes, qui est une valeur morale : *la qualité essentielle de l'âme*. L'acte moral, et même l'effort moral, qui ont pour but un bien spirituel, viennent accroître, l'un plus, l'autre moins, la valeur de cet être qui s'en est rendu capable.

Par suite, on a en des variantes, ces expressions, qui ne manquent pas de beauté métaphysique :

20° Tout acte moral élève la valeur de l'être.

21° Tout effort moral accroît la valeur de l'être.

22° L'acte moral fait l'être.

23° L'être devient par l'effort moral.

L'être, on le comprend, ne se réalise par lui-même que par ses propres efforts positifs, ne s'affirme de lui-même que par son acte positif.

La création divine consiste essentiellement à avoir donné la liberté morale à des éléments de sa force ou de son énergie, qui sont ainsi devenus êtres personnels, capables de devenir ; à son tour, l'acte moral de l'être est un acte créateur. L'acte qui est parfait, doit être un effort pur de son auteur directement vers le souverain bien ; d'où ce principe :

24° L'acte parfait doit avoir pour fin la perfection.

La perfection morale absolue ou achevée, c'est

le privilège de l'Être parfait, et comme la volonté
de Dieu — la Raison qui est l'Être, le Bien qui est
réalisé en personne — comme cette volonté, c'est
nécessairement la perfection des êtres, parce qu'ils
sont son œuvre — à part l'usage de leur liberté,
grâce à laquelle ils doivent devenir eux-mêmes —
qui des êtres veut avec les moyens la perfection,
doit donc identifier sa propre volonté avec la Volonté parfaite ou divine. D'où :

**25° L'acte parfait doit être de faire la vo-
lonté parfaite ou divine.**

Sans doute, les efforts parfois considérables que
réclament cette conformation à la volonté parfaite,
exigent alors la plus grande abnégation, le sacrifice
volontaire de la vie humaine, pareils actes qu'on
admire, même lorsqu'on ne les comprend pas, chez
les saints, chez les héros, chez les martyrs, et, ce
sont ces actes qui relèvent le plus l'humanité et
l'homme.

Une expression finalogique qui, dans la relation
de l'acte avec le but, ou avec le bien, représente
soit l'effet, soit la cause, détermine logiquement
l'acte, et donne ces deux formules :

**26° L'effet d'un acte moral doit être le bien
qu'il a pris pour but.**

27° La cause d'un bien est l'acte qui l'a voulu suivant les moyens rationnels.

En réalité, un être simple ne suffit pas à mener à bonne fin l'action effective que son acte commence et prévoit, sans le concours de beaucoup d'êtres, et il s'assure particulièrement le concours des êtres distincts ou indistincts qu'il subordonne ; un être vivant tel que l'homme se conçoit comme un être composé d'unités déjà fort complexes et fort différenciées, qui a à sa tête un être simple, l'âme monadique. Seul, l'Être suprême, subordonnant tous les ressorts, fixe une limite à tous les actes, et les fait servir tous à la fin divine.

Au delà des choses, les moyens sont fournis à l'être raisonnable par des idées directrices, qui sont pour lui des termes entre le commencement et la fin de l'acte, s'enchaînant de cause à effet jusqu'à l'effet final, qui est le but de l'acte. De cet enchaînement rationnel des idées et de cet enchaînement psychique des volontés élémentaires, du conflit des efforts à divers ordres, résultera, et une évolution plus ou moins continue du vivant, et un enchaînement plus ou moins clair de ses états de conscience. Le représentant du vivant, l'auteur principal de l'acte intégral, qui est l'âme, la tête de l'esprit, devant compter avec d'autres volontés, devant agir sur des volontés inférieures au dedans, sur des volontés de son rang au dehors, rencontre de ce fait des résistances, de telle sorte qu'il n'a encore dans le phénomène résultant qu'une certaine responsabilité.

Quoique l'acte perpétré puisse paraître le produit unique d'une volonté simple, il ne l'est donc pas absolument, il y a donc à faire la part du libre arbitre afférent à l'âme.

Ces formules par suite donneraient naissance à des expressions beaucoup plus complexes en faisant intervenir des séries de pouvoirs psychiques d'ordres différents dans l'action intégrale du vivant, qui est le produit d'un fonctionnisme.

En gros, ces pouvoirs correspondent aux facultés de l'entendement, de l'imagination, au tempérament, au caractère, au milieu social, au milieu naturel, et aux influences occultes sur ces pouvoirs mêmes.

V. — PRINCIPES DE LA RAISON SCIENTIFIQUE

PHÉNOLOGIQUE

Sur quels principes va maintenant se fonder la raison scientifique qui est la raison des phénomènes?

Dès qu'on entre dans l'ordre des phénomènes, le changement externe est posé par l'expérience sensible. Le temps et l'espace interviennent pour définir ce changement comme les conditior.. de sa représentation et comme les conditions de l'existence phénoménale. L'espace existe indépendamment de toute forme particulière de sensibilité, de toutes espèces de sens, en tant que *possibilité de l'action*, et de même existe le temps qui est *la condition du renouvellement de l'action* entre les unités naturelles.

La conséquence du changement dans le temps et dans l'espace, c'est *le mouvement*. Il faut dire par suite que le premier principe scientifique, c'est l'affirmation, sans alternative, du changement externe : du mouvement.

Donc :

1° Le mouvement existe.

L'acte, chez l'être, dans la conscience, devenir subjectif, changement interne, se continue hors de lui par le changement externe, par le mouvement, et passe au rang anonyme d'action.

De ce passage, on déduit ces deux formules :

2° Tout acte aboutit au dehors à un mouvement.

Le changement de mouvement est le cas général, étant donné qu'il y a mouvement initial.

3° Toute action consiste dans le mouvement.

Les êtres, à moins de s'identifier, ne peuvent communiquer entre eux que par le mouvement, ou que par la raison, que par la Raison qui est l'Être ; mais cela ne veut pas dire qu'il n'y ait que les communications des sens définis qui perçoivent certaines vibrations ; il y a toutes communications superficielles d'atomes à atomes, de monades à monades, de centres à centres, d'unités vivantes à unités vivantes, qui ont lieu sans pénétration absolue, — car cela est impossible sans identification.

Les êtres, ne se transmettant les uns aux autres que des mouvements, ne s'exprimeront encore des phénomènes qu'à la condition que la raison universelle, réunissant ces données infinitésimales, reconstruise, avec les effets, les causes et les raisons, comme les hommes, qui savent lire une langue commune, reconstruisent les idées avec les lettres qu'ils échangent. Une fois de plus, on voit la nécessité de la raison universelle.

Si les intelligences se trouvent en harmonie par la raison universelle, elles ne communiquent effectivement que par le mouvement, mais non pas que par les sens. Deux armées en masses ne prennent contact que dans une large vallée ; mais des soldats isolés, des éclaireurs ont pu communiquer individuellement dans la montagne ; mais les chefs d'armée eux-mêmes auraient pu se donner rencontre.

Avant de poser des formules, il est, qu'on veuille
bien le reconnaître, de toute nécessité de concevoir
ce qui peut en faire l'objet, les termes à relier ; on
ne saurait discuter avant d'avoir conçu, et on devrait, avec une semblable prétention, se borner à
dire : l'être est et le non-être n'est pas ; ou, le non-
être est et l'être n'est pas. Ce qui est également faux
par insuffisance de conceptions préalables.

C'est pourquoi nous présentons constamment des
conceptions qui permettent une pénétration suffisante de l'esprit.

Nous pouvons dire après ces explications :

**4° Les êtres communiquent entre eux par
le mouvement.**

En dehors de l'Être immuable qui peut identifier
les êtres en lui (ce qui n'est plus de l'ordre des phénomènes d'aucune nature, même transcendante),
les êtres ne peuvent communiquer entre eux que
superficiellement par le mouvement, que ce soient
des atomes, monades les plus obscures, des monades dirigeantes, ou des vivants, et cela n'exclut
pas pour cela des accords sympathiques. Des principes déjà vus exigent qu'un être simple reste lui-

même, bien que sa valeur puisse croître par ses efforts.

Les intuitions pures et simples consistent par conséquent dans un mouvement reçu qui sollicite un changement d'orientation ; à part sont les intuitions innées et fixes, lesquelles sont le fond de la raison.

5° Les idées sont transmises phénoménalement par le mouvement.

En effet, les idées se reconstruisent par une série d'intuitions transmises comme des éléments caractéristiques. L'association de ces éléments ne laissera pas de dépendre cependant, et de l'entendement, et de l'imagination, qui en reconstituent rationnellement une idée ou des idées résultantes, avec des concepts et avec des images plus particuliers à un esprit.

De sorte que les idées, qui ne sont pas textuellement empruntées, mais qui sont transmises seulement comme en principes, ne se ressemblent jamais identiquement, et empruntent au moins des nuances à celui qui les repense comme siennes et qui, on peut le dire, les refait comme idées verbales.

La ressemblance peut se réduire à une analogie dans le fond.

Cela suppose encore que la volonté ne neutrali-

sera pas, ne faussera pas ces intuitions, ces orienta-
tions passives de l'esprit.

Nous disons : les idées sont transmises — *phéno-*
ménalement, — car il faut réserver le pouvoir de
l'Être divin, qui, préexistant partout où il y a existence, peut communiquer directement par le dedans
une intuition d'un bien à tout être sans se transpor-
ter comme une monade.

A propos des monades, on peut se demander
comment une monade dirigeante entre en communication à la fois avec un nombre incalculable
d'unités qu'elle subordonne. D'abord, elle n'agit
normalement en personne que sur les monades immédiatement inférieures, qui à leur tour ont leurs
ressorts. Ensuite, les monades supérieures, prenant
des vitesses inouïes, fort au-dessus de celle de la
lumière, dans un temps fini peuvent être regardées
comme enveloppant par une infinité de points de
contact tout leur ressort, et principalement les parties affectées dans lesquelles se localise l'action.

⁕
⁕ ⁕

Laissant de côté la genèse des idées pour celle
des corps, reportons-nous au concept causalogique

connu — tout effet a une cause — et mettons ce principe sous la forme équivalente :

6° La condition nécessaire de l'effet est la cause.

En ce qui concerne le mouvement, la cause primordiale du mouvement, qui n'était pas, ou plutôt qui était autre, c'est l'acte dont ce mouvement est un effet; en tant que changement d'orientation, c'est l'acte d'une unité qui réagit par une autorotation, et en tant que passage du repos au mouvement, c'est l'acte de l'unité adverse sur l'unité passive. .

Alors le principe précédent devient :

7° La condition nécessaire du mouvement est l'acte.

L'acte créateur, qui a tiré de l'Être intégral l'unité, et qui l'a émise avec une vitesse initiale, est un acte à part, qui rentre dans la formule.

Si dans le même principe (6), nous substituons le terme *phénomène* au terme *effet*, et le terme *être subsistant* à celui de *cause,* nous obtenons le principe général de la raison phénoménale :

8° La condition nécessaire de l'apparence ou du phénomène est la subsistance de l'être dans l'ordre phénoménal.

Ce principe s'applique à la fois à l'être qui perçoit et à celui qui est perçu, l'acte étant un dualisme.

Or, la subsistance de l'être dans l'ordre des phénomènes comprend : et sa subsistance dans le temps, et sa persistance dans l'espace.

Par suite, de l'expression (8) deux autres expressions se dérivent, qui sont le principe de la subsistance interne ou subjective, et le principe de la subsistance externe, objective, ou de la persistance.

A la subsistance interne correspond la conscience, et à la persistance externe correspond l'objet. D'où :

9° **La condition nécessaire du phénomène est la subsistance de l'être dans le temps et dans l'espace.**

10° **La condition nécessaire de la conscience est la subsistance de l'être comme subsistance interne dans le temps.**

11° **La condition nécessaire de l'objet est la subsistance de l'être comme persistance externe dans l'espace.**

Ils ont les corollaires suivants :

12° **La conscience exige une continuité de temps,**

ou :

13° La conscience exige le renouvellement de l'action.

Une continuité de temps est réalisable par la centralisation d'une infinité de relations élémentaires, qui chevauchent les unes sur les autres, donnant comme moyenne variable un état de conscience mobile.

Le roulement de l'action générale étant supprimé, il y a rupture de la conscience du sujet unifié.

On a aussi :

14° Le corps ou l'objet exige une continuité d'espace.

Une certaine continuité d'espace peut être obtenue de la même façon par la révolution extrêmement rapide d'une infinité d'intermédiaires, atomes absolus.

Le mouvement apparent sera dû à une multitude d'actions et de réactions qui produisent une résultante.

15° Le corps exige une possibilité de l'action.

16° Le mouvement exige une certaine continuité de temps et d'espace.

17° Le mouvement exige la possibilité et le renouvellement de l'action.

Cette continuité apparente est une moyenne dynamique qui est comparable à celle d'un courant, à celle d'un flux d'actions simples.

POSTULAT SCIENTIFIQUE

18° LES LOIS SCIENTIFIQUES RÉCLAMENT COMME POSTULAT, SOIT LA CONTINUITÉ DE TEMPS, SOIT LA CONTINUITÉ D'ESPACE, ET DANS LE CAS GÉNÉRAL, CES DEUX CONTINUITÉS, C'EST-A-DIRE CELLE DU MOUVEMENT.

Là où la multiplicité des actions est trop réduite, la continuité apparente étant dissociée, les lois scientifiques ne sont plus applicables. Et même, dans le domaine de notre expérience sensible, ces continuités existent-elles toujours et ne cessent-elles pas à sa limite ?

Pour le sujet d'abord, la continuité de temps est rompue dans le passage de l'état physiologique normal, soit de la veille, à d'autres états physiologiques, tels que le sommeil naturel, le sommeil hypnotique, à des états ultra physiologiques, tels que le somnambulisme lucide, le ravissement, la catalepsie, et définitivement la mort. La mort n'est la solution de continuité que pour des individus isolés ; mais la continuité du temps peut être un jour abolie pour tout le genre humain et pour tous les êtres vivants de même nature sur la terre, comme elle est abolie pour toutes les cellules vivantes du corps dans une mort individuelle.

Pour l'objet en second lieu, on sait que la continuité de l'espace ne semble plus exister dans le choc, qui est resté un mystère pour la science physique, et cela revient à dire que cette continuité ne persiste plus pour l'expérience au delà d'un certain ordre de la nature.

A la limite, le changement externe doit se fonder sur une cessation absolue de continuité de l'espace qui trouve ses bornes dans les atomes primordiaux et dans les monades.

REPRÉSENTATION DE L'ORDRE
ET REPRÉSENTATION DES CORPS

La condition nécessaire du phénomène le plus stable — le corps, — c'est la subsistance d'*un tout*. Il est certain que ce tout, qu'est un corps, a des parties ; car c'est un corps, parce qu'il se manifeste à l'expérience sensible, c'est-à-dire par des changements externes ; ces changements objectifs sont, ainsi qu'il a été établi, nécessairement des mouvements, et des mouvements de parties, le mouvement réclamant des unités, réclamant le multiple.

Mais les parties peuvent exister sans que le corps, sans que *le tout*, soit constitué, et il faut bien que *le tout* soit constitué d'une certaine manière déterminée, en un mot *il faut un ordre déterminé*. D'où

19° Le tout se compose de l'ordre et des parties.

* *
*

Incidemment, des expressions qui sont relatives à l'ordre, nous pouvons tirer des principes, qui ne s'appliquent pas seulement à un corps brut, mais qui s'appliquent à un corps vivant, et encore à une société.

20° La condition nécessaire de l'unité du multiple, c'est l'ordre.

21° La condition d'existence d'un corps vivant, c'est l'ordre.

Des principes sociaux et politiques peuvent être déduits :

22° La condition d'existence d'une société, c'est l'ordre.

Qui assure l'ordre, qui règle l'harmonie entre les unités sociales, dans un système psychique, dans un corps intelligent ? c'est le pouvoir dirigeant.

A la tête de toute unité, il y a un pouvoir dirigeant, que cette unité soit simple ou composée ; il a été montré précédemment d'autre part qu'il y a *à l'origine* de tout mouvement un pouvoir d'orientation possible ; l'acte, qui précède l'action et le mouvement, exige ce pouvoir en faisant intervenir la volonté, en se posant comme acte réel.

De cette orientation originelle, dès le début de l'action, dépendra la conséquence de l'action ; il appartient *à ce moment* au pouvoir dirigeant d'exercer le pouvoir d'orientation qui est disponible entre ses mains. Comme le pouvoir dirigeant, ou la direction, est une volonté, la forme — du devoir — lui est applicable :

23° **La direction doit assurer l'ordre le plus moral des unités sociales.**

24° **La direction doit exercer son pouvoir à l'origine de tout mouvement.**

C'est ici le cas d'utiliser les principes de causalogique : — **le supérieur doit subordonner l'inférieur** — et — **la quantité, ou le nombre, ne peut donner la qualité, ou la valeur.**

25° La direction doit hiérarchiquement subordonner l'inférieur au supérieur.

26° Le nombre des suffrages doit être subordonné à la valeur des suffrages.

27° L'accès des fonctions dirigeantes doit être en raison des qualités.

Telles sont les formules qu'on obtient en combinant ces divers principes de l'ordre et de la subordination causale.

*
* *

Après cette digression, revenons aux corps en général. Les corps et même les choses sont des *tout.* dans lesquels il y a *de l'ordre* et *des parties*.

On a ces relations :

28° Le tout donne les parties.

29° Les parties ne donnent pas le tout.

ORDRES ABSTRAITS. — Le tout numérique est déjà l'assemblage quantitatif, symbolique, des parties ; l'agrégat est l'assemblage des parties dans un espace suivant cet ordre le plus grossier, qui s'appelle contiguïté, ou juxtaposition indifférente ; l'association chronologique, l'association par ressemblance, sont aussi des ordres ; le tout géométrique, le tout mécanique sont des assemblages qualitatifs, des assemblages plus complexes, quoique encore simples.

Dans la réalité, *un tout* peut unir ses parties ou ses unités, suivant des ordres naturels, qui sont plus que mécaniques, et qui ne correspondent pas seulement à des lois physiques; tels sont les ensembles qui s'appellent des corps vivants, des animaux.

Ainsi donc, il y aura la conception du tout et il y aura la conception des parties distinctes. Dans le ciel, nous ne saisissons guère que des parties, et dans la matière, nous ne saisissons guère que des *tout*.

Rationnellement, la plus élémentaire partie des parties distinctes dans l'espace se doit concevoir. Or, dans cette partie spatiale la plus élémentaire, dans cette partie limite de l'espace, où il n'y a plus espace, il ne saurait plus y avoir que des parties distinctes dans le temps, que des essences de la matière ou de l'être qui ne peuvent être isolées dans l'espace, mais dont les alternances, ou les variations, signifient les changements internes de relation, et caractérisent les manifestations actives.

Par conséquent, la condition nécessaire du phénomène élémentaire, laquelle est l'élément matériel ou mieux *prématériel,* c'est aussi bien la subsistance de ses essences. Auparavant, on considérait la subsistance totale de l'être, et maintenant on considère, pour le distinguer, les propriétés ou les abstractions qui recomposent cette subsistance en son unité.

Les essences objectives de l'élément étant *la masse* et *l'énergie*, l'essence subjective devra être complémentaire, pour que la relation interne donne à l'être simple sa réalité, et si on lui donne le nom d'*intra-perception*, devra comprendre sous ce nom les vertus de la monade, desquelles il a été parlé (perception, vouloir, pouvoir).

D'où ce principe :

30° La condition nécessaire de l'élément matériel, en tant qu'objet (perçu et qui perçoit) est la subsistance de l'être en trois essences complémentaires : la masse, l'énergie, l'intraperception.

En même temps, on peut énoncer les postulats suivants, qui sont séparément les conditions de possibilité corrélatives des lois phénoménales scientifiques.

POSTULATS DE MÉCANIQUE ET DE PHYSIQUE

31° Conservation de l'énergie quantitative.

32° Permanence de la masse absolue ou du nombre des unités absolues.

POSTULAT DE PSYCHOLOGIE ET DE BIOLOGIE

33° Nécessité de l'intraperception ou de la relation interne.

AUTRES FORMULES PHÉNOLOGIQUES

Le triple postulat (3o) se résume encore dans cette formule plus courte :

34° Nécessité phénoménale de l'universalité de la loi d'existence.

Ce qui ne se range pas sous une loi échappe à la science objective ; les lois qu'elle atteint sont des régimes moyens, qui sont assurés par une infinité d'agents plus ou moins élémentaires, sous une direction stable.

Partout où le phénomène — phénomène singulier — sera produit par un petit nombre d'agents, dont les volontés individuelles ne se subordonneraient plus à une direction, la condition de la loi n'existera plus dans de certains intervalles.

La norme des phénomènes est seulement le ressort

des choses qui ne dépend ni du temps, ni du lieu, dans les intervalles que la science observe.

L'expression de la causalité étant restreinte à cette norme, on a :

35° L'effet d'une cause — dans la norme des phénomènes — ou l'effet d'une cause phénoménale, est indépendant du temps et du lieu.

Ici, la cause dite phénoménale n'est plus une cause existence, une cause en soi, qui est capable de produire un nombre variable d'effets, qui sont ses actes, mais elle est elle-même un effet résultant, tel qu'un facteur constant, produit de causes en soi sur le monde phénoménal, elle est une cause seconde, issue d'une série d'interventions directrices.

Connaître le fonctionnisme du monde, ce serait précisément connaître le fonctionnement harmonique et rationnel des causes-existences qui le règlent à divers étages.

En tenant compte des mêmes restrictions, le principe suivant peut être posé :

36° La même cause phénoménale reproduit le même effet,

ou

Reproductibilité d'un effet constant par la cause phénoménale.

Ces derniers principes ne sont plus des principes de raison pure, mais des principes de raison scientifique, des principes d'approximation, qui s'appliquent à des masses harmoniques d'unités inférieures.

Le phénomène perçu ne saurait être que l'intégration dans un temps relativement très long et dans un espace relativement très étendu d'un fort grand nombre d'actions renouvelées, superposées, qui donnent en somme une équilibration moyenne dans la période de sensation.

En outre, le sens donne à l'objet une continuité qu'il n'a pas dans l'espace et dans le temps, l'impression produisant un état d'activité du sens qui se transmet et qui se prolonge ; la persistance des impressions visuelles est trop connue pour qu'il soit besoin d'en donner des exemples.

Les appareils enregistreurs se comportent aussi comme les sens.

Autres réserves : dans l'ordre des phénomènes, on croit constater mécaniquement la réciprocité de l'effet et de la cause ; rigoureusement, c'est-à-dire en métaphysique, il faut rejeter le postulat de la réciprocité de l'effet et de la cause ; la raison pure ne permet pas de dire que — l'effet reproduit la cause — et il faudrait pour cela fausser d'une manière radicale la notion de l'effet.

La réaction simple et pure, d'unité à unité naturelle, ne saurait nécessairement être égale à l'action,
quoiqu'elle soit assez proportionnée, les actes de
part et d'autre devant être rationnellement propor-
tionnés dans une certaine mesure. Dans l'objet, il y
a des actions de sens contraire, qui forcément s'équi-
librent. La cause doit produire, dans le cas général,
un effet de modification, en même temps qu'*un effet
de passage*, qui est transmis. Pour cette raison, si
l'on admet la réversibilité apparente, il faut rejeter
la réversibilité absolument rigoureuse : le récepteur
ne saurait devoir en raison dernière, mathématique-
ment, restituer au moteur dans des conditions effec-
tives toute l'énergie qu'il en a reçue, quoiqu'on
puisse considérer scientifiquement que cela se passe
ainsi.

VI. — APPLICATION DES PRINCIPES :
DÉMONSTRATION DE L'EXISTENCE DE DIEU

THÉOLOGIQUE

**Démontrer l'existence de Dieu revient à
démontrer l'existence d'une cause, unique,
intelligible et intelligente, du monde.**

En effet, une cause ainsi définie exprime l'idée irréductible de Dieu, l'exprime en tant qu'Être immuable et personnel, et contient implicitement tous les
attributs de Dieu. Cette cause primordiale consciente
est éminemment une raison supérieure à toutes les
raisons, qui doivent se fonder sur elle, cette raison
ne peut avoir pour but que sa perfection, et elle
peut la réaliser par une suprématie illimitée.

Le but divin est une autre question que l'existence
de Dieu : c'est, en deux mots, le devenir des êtres,
qui doivent s'achever en s'identifiant avec lui, par
une ascension infinie vers la perfection unique.

Démontrer une telle cause, c'est donner une
preuve synthétique de l'existence de Dieu ; car en
posant la Raison immuable, de laquelle rayonne la
raison universelle, on pose — cela sera compris
dans la suite — toutes les raisons possibles.

Cause unique, elle renfermera en elle toutes les
bases des causes physiques et elle se rapportera au
point de vue des preuves physiques.

Cause intelligible, elle renfermera en elle les causes logiques et elle fera l'objet des preuves métaphysiques.

Cause intelligente, elle renfermera en elle d'autres
causes métaphysiques et morales, qui donnent lieu
aux preuves psychologiques et morales. Dans la

Perfection, dans le Bien absolu, s'identifient l'intelligence, la moralité et l'amour.

La démonstration de l'existence d'une cause, unique, intelligible et intelligente, repose sur l'affirmation dans ses termes de l'existence de la raison universelle. L'appareil de la preuve, pour des métaphysiciens, est-il même bien nécessaire ? On peut se le demander. Dire que la Raison qui s'appelle le Bien, que la Raison, nécessairement vivante puisqu'elle donne valeur aux vies, que la Raison qui est l'Être immuable, répond au nom de Dieu, c'est déjà affirmer que la raison universelle et Dieu sont solidaires, c'est déjà reconnaître que la force intelligente doit trouver sa source inépuisable dans l'Esprit immanent.

Mais, posséder la raison et la communiquer, sont peut-être choses distinctes. Après tout, il n'est pas encore compris par de bons esprits que la procession rationnelle du supérieur à l'inférieur rend superflue la preuve d'un de ses termes et dispense de faire l'argumentation isolée d'une proposition intermédiaire, cette déduction étant en abrégé semblable à la marche de la raison créatrice, il n'est pas encore admis que le principal, c'est de concevoir le supérieur, lequel, une fois conçu, s'impose nécessairement avec ses conséquences, il n'est pas encore bien vu qu'aucun terme inférieur n'est établi si le terme supérieur ne l'est pas en principe, de même qu'aucun nombre n'a de signification sans l'unité.

De la solidarité de la raison universelle et de la Raison qui est l'Être, voici ce qu'il résulte : ceux qui nient cette existence de la raison universelle perdent tout droit de discuter sur l'existence de Dieu ; et d'ailleurs, sur quoi que ce soit : leur négation, s'il faut le répéter, n'est pas même valable en elle-même ; car ce n'est qu'au nom de cette raison universelle qu'ils prétendraient démontrer qu'—elle— n'existe pas, puisque une autre raison, leur raison individuelle, *comme différente,* par distraction et par définition, n'est pas communicable, et qu'elle n'est pas recevable comme argument logique. Leur négation ne serait donc qu'un aveu de leur contradiction logique. Si nous insistons de nouveau sur un postulat initial qui est le droit à la discussion philosophique, c'est pour éviter toute méprise.

Leibnitz avait déjà dit : « Si par—la raison —on entendait en général la faculté de raisonner bien ou mal, j'avoue qu'elle nous pourrait tromper et nous trompe en effet, et que les apparences de notre entendement sont souvent aussi trompeuses que celles des sens : mais il s'agit ici de l'enchaînement des vérités et des objections en bonne forme, et, dans ce sens, il est impossible que — la raison — nous trompe. »

(*Théodicée, conformité de la foi avec la raison.*)

.
* *

I. — De par le fondement de la raison la plus élémentaire, il est certain qu'il y a quelques causes dans le monde, il y en a au moins une qui est au-dessus des autres, *il y a à priori au moins une cause du monde.*

II. — Considérant la cause qui est supérieure aux autres, s'il y en a d'autres, en premier lieu, il faut commencer par démontrer que cette cause est intelligible. En effet, la raison universelle doit se fonder sur cette cause ; c'est son intelligibilité qui rend possible la raison universelle — laquelle existe par hypothèse — et c'est son intelligibilité qui de cette cause fait une cause réelle, une cause non imaginaire entre toutes. Dire que cette cause n'est pas intelligible, revient à déclarer que la raison universelle demeure impossible en principe ; nier son intelligibilité, c'est renoncer à la raison, c'est discuter hors la loi des intelligences.

Donc cette cause est intelligible.

LAGRÉSILLE

III. — Je dis du reste que c'est la seule cause irréductible du monde, que toutes les autres causes
en émanent, qu'elle est unique.

Si cette cause n'était pas unique comme cause
première, il y aurait dans le monde des effets qui
auraient une autre cause première, il y aurait des
effets ou des causes secondes qu'elle ne pourrait expliquer, et qui se mêlant à ses effets les rendraient
totalement inintelligibles. Si encore, le monde avait
plusieurs causes *premières,* c'est-à-dire irréductibles
de nature, incompatibles, *absolument autres,* il serait (conformément aux principes établis) normalement inintelligible, parce que cette cause multiple
serait inintelligible par essence, par hétérogénéité
absolue.

Or, cette cause est intelligible d'après (II) qui
précède ; pour qu'elle soit intelligible, il faut donc
qu'elle soit unique au fond.

Ainsi, il y a une cause intelligible et une seule.

IV. — Je dis que cette cause du monde — unique
et intelligible — est intelligente. Moins ne peut
donner plus — est l'expression qui a été tirée par
simplification du principe — l'effet ne peut donner
la cause.

La cause des êtres intelligents en vertu de ces
principes est donc *non moins intelligente que ces*

effets, que ces intelligences, et elle est la limite supérieure de l'intelligence ; ce qui veut aussi bien dire qu'elle possède toutes les perfections, toutes les vertus, qui ne sont chez les êtres que des reflets plus ou moins affaiblis.

Donc, en résumé, *il y a une cause — unique, intelligible et intelligente — du monde.*

La priorité de cette force consciente, de cette personne, lui assure toutes les perfections et tous les caractères — absolus, immuables et universels, qui sont dans l'unité parfaite et stable.

La raison universelle en son principe ayant été le fondement radical de la preuve, il s'en suit que la condition nécessaire et suffisante pour reconnaître l'existence de Dieu, c'est de mettre la raison en question et c'est de vouloir en faire usage, c'est de faire acte d'être raisonnable et c'est de faire acte en même temps d'être libre ; car l'usage de la raison est une liberté, la première des libertés.

Cette raison universelle, qui est la raison commune aux intelligences de toutes les sphères, qui est indépendante des constitutions organiques, que forment des monades, embrasse une sphère d'autant plus grande qu'elle s'exerce entre des unités et entre des intelligences plus élevées et plus morales.

Dira-t-on c'est un postulat ; oui, mais un postulat

singulier, un postulat obligatoire, sous peine de dé-
raison, qu'on est forcé d'admettre dès qu'on le pose.
Si on refuse ce postulat, on ôte sa condition de possibilité à la raison pure, on la supprime ; mais avant
d'en avoir supprimé comme la première lettre, on
a perdu le droit de rien affirmer et de rien nier.

De sorte que toute négation de la raison universelle dans ce qui en exprime le principe essentiel,
est illusoire et imaginaire.

VÉRIFICATION DE LA PREUVE

Retourner une démonstration sous toutes ses
faces, c'est faire en quelque manière les preuves de
la preuve. Cette vérification doit consister à retrouver dans la conclusion des identités, tantôt des identités mathématiques, tantôt ce qui a été appelé par
analogie des identités logiques, des intelligibilités.

Or, on a vu que la reconnaissance de l'existence
de Dieu se résume dans cette formule, principe
théologique :

**Dieu existe parce que la raison universelle
existe ;**

laquelle a pour expression équivalente :

**La Raison est parce que la raison universelle
existe.**

Dans cette dernière, l'identité apparaît facile-
ment.

I. Identité mathématique. — Cette identité peut
être assimilée à une identité mathématique telle
que : $x = 1$, valeur réelle, parce que l'intégrale de
$\frac{1}{A} dx = \frac{1}{A}$ valeur réelle ; ou $x =$ intégrale de
$dx = 1$.

II. Identité logique. — Considérons d'abord une
expression analogue.

Soit, par exemple, la suivante : Le soleil existe
parce que ses rayons existent.

L'identité mathématique, supprimant le devenir
de ce qui est, voulait dire aussi bien : le soleil est
dans son tout parce qu'il est dans l'ensemble de ses
parties. L'identité logique dira mieux : la Cause
(Dieu ou la Raison) est, parce que tous ses effets,
parce que son effet général (la raison universelle)
existe ; où se retrouve comme fondement : « tout
effet a une cause », qui est le principe causalogique
connu, et la première intelligibilité, qui peut encore
s'écrire : « tout ce qui est causé a une cause », pour
rendre l'identité de la pensée plus frappante.

III. Constatation. — Bien plus, l'identité peut être
considérée comme une constatation pure et simple,
qui est conforme à celles de l'expérience.

On peut dire en effet : le soleil est parce que ses rayons sont visibles, parce qu'on le voit, parce qu'on le perçoit ; et de même : la cause est parce qu'on vérifie, parce qu'on constate, parce qu'on perçoit ses effets.

Dieu, ou la Raison, est, parce qu'on en perçoit en soi le rayonnement, qui est la raison universifiée, parce qu'on voit par la vue directe de l'âme (si on ne voit par celle de tout l'esprit qui doit voir moins bien), parce qu'on constate, ou qu'on vérifie, le plus intimement qu'il est possible son rayonnement, qui s'appelle la raison universelle.

C'est pourquoi, il devrait paraître aussi ridicule de dire que Dieu n'existe pas, que de dire la dernière absurdité, que de prétendre que — un — n'est pas un nombre entier.

En un mot, il suffit de dire : *je raisonne, donc Dieu existe.*

Ainsi il apparaît que toutes les raisons qui ne sont pas contradictoires, qui sont réelles, démontrent indirectement l'existence de Dieu, de même que tous les mouvements effectifs démontrent l'existence du Mouvement.

Fort de la vérité, au-dessus de l'opinion changeante, voulant la lumière, atteignant la certitude, on a le devoir de reconnaître que *la condition com-*

mune pour satisfaire la raison de tout esprit, c'est l'existence de la raison universelle en son principe absolu, que nous avons saisi, trop grossièrement certes, selon notre mesure, multiple, sous toutes ses faces, faute de pouvoir l'élucider et en pénétrer l'éclat dans une seule formule, qui accumulerait sur elle des intelligibilités si profondes, on a le devoir de reconnaitre que *cette condition, c'est non moins :* la réalisation sans bornes de ce principe — principe si puissant que la vision exacte de son déploiement pour un seul ordre de la vie laisserait en une admiration muette, anéantie, toute intelligence d'homme — *que c'est sa réalisation éternelle, avec toute sa plénitude si inexprimable et si insondable, en l'Esprit divin qui est la Raison vivante et illuminante.*

Nancy, imprimerie Berger-Levrault et Cie.

Original en couleur

NF Z 43-120-8

www.ingramcontent.com/pod-product-compliance
Lightning Source LLC
Chambersburg PA
CBHW060147100426
42744CB00007B/930